復興新書系列

世說論語

陳復生 編著

中華書局

李肇星
中國前外交部部長
中國公共外交協會會長
香港浸會大學榮譽博士

秦小梅
中國前外交官聯誼會原
副會長

李肇星前外長及夫人秦小梅女士

愛國敬民　守望互助

——借陳毅元帥外長詩兩首賀復生女士特輯《世說論語》

一	二
火星有人類？	大雪壓青松，
月球有人類？	青松挺且直。
地球有人類，	要知松高潔，
地球最可貴。	待到雪化時。

李肇星、秦小梅同賀於冀魯皖湘旅途中，2016 秋。

秦小梅　李肇星

謝志偉博士

香港浸會大學榮休校長
香港浸會大學尚志會
名譽會長

尊師重道
學精於勤

伟志 海

敬賀

吳清輝教授
香港浸會大學前任校長
香港浸會大學尚志會名譽會長
北京師範大學 – 香港浸會大學
聯合國際學院校長

深自砥礪　不忘母校

春風化雨　志尚全人

吳清輝

敬賀

陳新滋教授
香港浸會大學榮休校長
香港浸會大學尚志會名譽會長

千秋德業
一代全人

乙未初夏　陳新滋敬賀

錢大康教授
香港浸會大學校長
香港浸會大學尚志會名譽會長

群賢匯聚
尚志傳承

錢大康

敬賀

前言

感恩曾參與支持《復興新生系列・世説論語》的每位仁人君子！

2014 年春，我自北京返港，重遇時任亞洲電視執行董事的學長葉家寶——我們超藝理想文化學會出品攝製的紀實片「感恩東來愛香江」和在京主辦的紀念周總理音樂晚會「中國夢」，分別在亞洲電視播映，重啟了我們多年後的合作。

後來，我又向家寶師兄提議拍攝資訊文教特輯《復興新生系列・世説論語》，由超藝理想文化學會義務製作，免費提供給電視台播映，每天兩、三分鐘，講短短一則「論語」，藉此推廣中華經典文化，也是生活智慧，充滿正能量。難得熱愛中華傳統文化的家寶師兄隨即爽快答應，更安排於每晚黃金時段播映！

這類節目較難吸引一般廣告商贊助，尤其在 2015 年亞洲電視風雨飄搖之際，我們也不想電視台因為給予黃金時段而令他們的廣告收益蒙受損失，正當一籌莫展，竟又遇上尚志會前會長曾惠珍師姐，剛巧她與尚志會會長徐國榆師兄、副會長黃美慧師姐等人晚飯，大家志同道合要推廣儒家精神，席間興緻勃勃就想出解決辦法：各人負責聯絡我們熟悉的機構贊助播映，實行尚志會精神——「出錢出力、出心出席」。

在母校每年一度的基金會茶聚裏，我們將計劃告知孔憲紹慈善基金的負責人孔慶全博士——孔憲紹博士是孔子後人，他們一家多年來熱心捐助教育事業，是個非常低調的慈善家族，從不需要賣廣告，但為了支持《世説論語》的播映，破例地答應成為主要的播映贊助機構，讓大家鬆一口氣！

時任母校校長陳新滋教授，雖然是位科學家，但一向熱愛推廣中華傳統文化，他引薦我們可同饒宗頤國學院合作；國學院內名師高徒雲集，院長陳致教授安排了各學者分享《論語》心得，更擔任節目顧問和主講，還替我們邀得國學大師饒宗頤授予其荷花名作「雙鈎芙蕖」作為節目畫像，畫中芙蕖清雅高潔，寓作君子，謙卑內斂。而在國學院開會時，深深被幾幅書法吸引神會，原來是我父親好友何文匯教授的筆作，熱心的陳教授隨即替我約上多年不見的何教授，後來，節目名稱更獲他贈予書法題字，並邀請尤德爵士夫人一同亮相螢幕，首談《論語》。

當然大家都希望能邀得尚志會的創立人、也就是我們尊敬的榮休校長謝志偉博士擔任首集嘉賓。其實，謝校長退休後，早已謝絕外界一切訪問，難得他認為節目構思很有意義，終於被我們說服，答應拍攝，還有母校的歷任校長吳清輝教授、陳新滋教授和錢大康教授皆百忙中抽空，在《世說論語》節目裏分享心得。

有兩位對中華傳統文化滿腔熱忱的已故好友：前香港民政事務局副局長許曉暉女士總會親自出席《世說論語》的活動，身體力行給予我們支持鼓勵；上世紀九十年代初始創「源」品牌的楊秉堅先生，讓我穿上他譽滿國際的東方服飾設計系列，在節目中演繹其「謙、雅、和」的低調中國風。

2015年春，《復興新生系列‧世說論語》第一輯在亞洲電視首播，引起迴響。2016年春，無綫電視85台（現財經‧資訊台）開播，邀請第二輯《復興新生系列‧世說論語》在該台播映；其後，我們相繼推出《世說本草》、《世說商學》、《一帶一路醫藥行》、《一帶一路商學行》、《和風零食》、《三歲定八十‧幼兒教育》及《圜繫香江百載情》等文化節目，整個《復興新生系列》播映至今已六年，真是個難忘而豐碩的歷程！

再次感謝以上各位良師益友、各位受訪嘉賓和播映贊助機構的參與支持，以及台前幕後的熱誠投入，還有感恩我母親陳黎鎔菁女士一直贊助學會的攝製費用，讓《復興新生系列 · 世說論語》得以圓滿播出。現在節目輯錄成書，感謝中華書局編輯部各同人，部分書本將送予全港中小學 ，傳承中華經典文化──尤其在經歷去年的社會運動和今年的新冠疫情，《論語》所總結的智慧，許多雋永名句：「己所不欲，勿施於人」、「君子和而不同」、「德不孤，必有鄰」、「吾日三省吾身」等，是現今我們提倡身心安康、構建和諧社會的基石。

　　最後，要感謝中國前外交部部長李肇星及夫人秦小梅女士，以陳毅元帥兩首詩，替本書題詞勉勵！

陳復生

2020 年冬

附註：

各受訪嘉賓的簡介是根據《復興新生系列·世說論語》在 2016 年電視播映的資料編寫。

目錄

教授／學者

陳致教授　67

周國正教授　86

費樂仁教授　93

謝志偉博士

香港浸會大學榮休校長
香港浸會大學尚志會創辦人
澳門大學校董會前任主席

　　謝志偉博士，前香港浸會大學校長。他在任三十年間，香港浸會學院於 1994 年正名為香港浸會大學，他亦創立多個嶄新課程，如傳理學、中國研究及中醫藥等等。曾出任行政、立法兩局議員。退休後，曾任澳門大學校董會主席，並擔任澳門國際中醫藥學會理事長及中華文化交流協會會長。曾當選第九、第十屆全國政協委員。

仁、義、禮、知、信：
儒家五常是中華傳統倫理精華

陳：今年是我們浸會大學踏入六十周年的校慶，浸大尚志會發起製作《世說論語》的特輯為母校祝壽。今次我們非常榮幸邀請母校的榮休校長謝志偉博士，他也是尚志會的創立人。謝校長，可否跟我們分享一下，《論語》對你為人處世有甚麼啟發？

謝：今年是浸會大學六十大壽，尚志會發起製作《世說論語》特輯為母校祝壽，並邀請我這個尚志會的創立人為這特輯講幾句話。有趣的是，你們選擇來我現在工作的地方，澳門大學新校園進行訪問，而澳門大學的校訓，仁、義、禮、知、信，正是儒家的五常之道，是傳統中國文化中處世為人的道德標準和倫理精華。根據我們中國的文化傳統，（仁）就是博愛，包括愛人和自愛；（義）就是公正、合宜，是社會行為的規範；（禮）是尊重別人和自重，是仁愛、公義內涵的外在表達；（知）就是尊重知識，崇尚真理和明辨是非；（信）就是言行一致，忠於職責，勇於承擔。所以如果你問我，《論語》或者儒家的思想對我處世為人有甚麼啟發，我可以毫不含糊地說，仁、義、禮、知、信的儒家詮釋，確實是我這個一生從事教育的人最崇高和最貼身的人生感召。

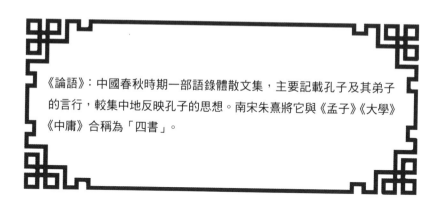

《論語》：中國春秋時期一部語錄體散文集，主要記載孔子及其弟子的言行，較集中地反映孔子的思想。南宋朱熹將它與《孟子》《大學》《中庸》合稱為「四書」。

百年樹人：
尚志會成立的原因和目的

陳： 謝校長是我們浸會大學的榮休校長，同時也是浸大尚志會的創立人。謝校長，當年為何成立尚志會？

謝： 尚志會是 1970 年代我在香港浸會學院發起的，目的是鼓勵一班熱愛母校的校友支持母校。其實尚志會會員的特殊之處，只是多負一項責任，就是每月，或每年，或一次過對母校作出一定金額的捐贈，因為在北美，很多成功的大學所獲得的支持，很大部分來自眾多校友集腋成裘的捐贈。我的目的是，透過成立尚志會，幫助校友們從小額捐贈做起，養成支持母校的習慣。校友支持母校發展的力量就會漸漸壯大起來。我們中國對教育有「百年樹人」的說法。「百年」就是世紀 CENTURY 的意思，所以用 CENTURY CLUB 來命名一個支持大學教育的組織是很有意義的。但 CENTURY 念起來好像中文的「尚志」，就是高尚的意志，所以我們索性把這組織的中文名字改為「尚志會」。我很高興看到，經過近四十年的歲月，CENTURY CLUB（尚志會），不單成了眾多校友們喜愛的組織，它也真的成了今天支持母校浸會大學發展的力量。

陳：謝謝你，謝校長！祝願我們尚志會（CENTURY CLUB）繼續踐行百年樹人的理念！

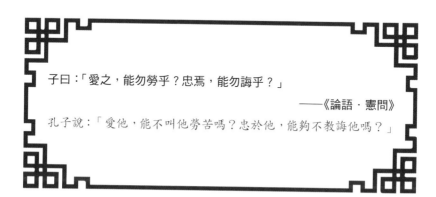

子曰：「愛之，能勿勞乎？忠焉，能勿誨乎？」

——《論語·憲問》

孔子說：「愛他，能不叫他勞苦嗎？忠於他，能夠不教誨他嗎？」

《論語》過時了？
其精警的教訓天天可使用

陳：校長，可以跟我們分享《論語》的經典名句嗎？

謝：我常常覺得，我們中國人與猶太人有一點歷史優勢是很相似的。猶太人的悠久歷史為這民族留下許多寶貴的行事法則、社會規條、智慧箴言和優美詩歌。我們中國也是這樣。在我床邊常放著幾本書，其中就有《大學》《中庸》《論語》《孟子》這套（四書）。我每次翻看，都驚訝其中的警世箴言是何等豐富。例如《論語》第一篇記載，曾子曰：「吾日三省吾身——為人謀而不忠乎？與朋友交而不信乎？傳不習乎？」又例如，《論語》第二篇記載，子曰：「學而不思則罔；思而不學則殆。」這些精警的教訓不單是歷久常新，也是天天可以使用的。今次尚志會出錢出力，為母校六十大壽精心籌劃製作這《世說論語》特輯，相信一定能引起觀眾共鳴，（令他們）一方面為自己民族文化的博大精深感到自豪，一方面也為我們的時代作更深的反省，看看周圍的社會紛亂，有多少是可以歸咎於我們的社會叛離了古聖賢的明訓。

曾子曰：「吾日三省吾身——為人謀而不忠乎？與朋友交而不信乎？傳不習乎？」

——《論語・學而》

曾子說：「我每天多次自己反省：替別人辦事是不是盡心盡力了呢？與朋友交往是否誠實呢？老師傳授我的學業是否複習了呢？」

子曰：「學而不思則罔，思而不學則殆。」

——《論語・為政》

孔子說：「只是讀書，卻不思考，就會受騙；只是空想，卻不讀書，那就缺乏信心。」

吳清輝教授

香港浸會大學前任校長

吳清輝教授（GBS），香港浸會大學前任校長及現任北京師範大學—香港浸會大學聯合國際學院校長。曾任香港立法會議員、中華人民共和國全國人民代表大會香港區代表，並獲香港特區政府頒授金紫荊星章。籍貫上海，1963 年於澳洲墨爾本大學取得化學學士學位，1969 年於加拿大卑斯大學取得化學哲學博士學位，後赴美國加州大學進行研究工作。1985 年加入香港浸會學院（香港浸會大學前身，後同）擔任化學系系主任，1989 年升任為香港浸會學院理學院院長。1993 年獲聘任為港事顧問，1997 年為香港臨時立法會議員。2001 年 7 月 1 日接替謝志偉博士出任香港浸會大學校長，至 2010 年 6 月 30 日正式離任。

任何人都是我們學習的對象：
見賢思齊，見不賢而內自省

陳：吳校長，可否跟我們分享《論語》的名句？

吳：《論語》的〈里仁篇〉便有這一句：「見賢思齊焉，見不賢而內自省也。」這句話的意義在於：一是不斷學習，二是自我反省。人在社會中生活，我們既可以向周圍的人學習，也可以隨時隨地向所經之地所遇之人學習。只要是有德行的，我們就應該心存敬意，「見賢思齊」。賢人不僅可以是當代人物，還可以是歷史上的先賢。在中華文化的血脈中，那些留下道德風範的先賢們都是值得我們好好學習的對象。人非聖賢，孰能無過，及時反省才能避免錯誤。我們個人的經驗未免比較局限，尤其是年輕人，要不僅能反省自己，還能反思別人的教訓，從他人的錯誤中得到啟示，這樣的話就能一步步走向成功的人生。

陳：對，任何人都是我們學習的對象！謝謝你，吳校長。

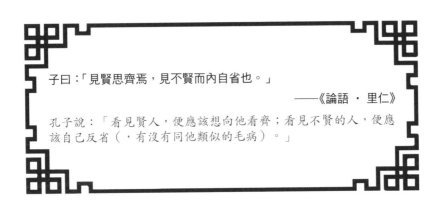

子曰：「見賢思齊焉，見不賢而內自省也。」

——《論語 ‧ 里仁》

孔子說：「看見賢人，便應該想向他看齊；看見不賢的人，便應該自己反省（，有沒有同他類似的毛病）。」

陳新滋教授

香港浸會大學榮休校長

　　陳新滋教授於 2010 年 7 月 1 日正式履任為香港浸會大學第四任校長。曾留學日本及美國，並於 1979 年獲得美國芝加哥大學頒授博士學位。他專研化學，並擁有三十項美國專利和五十一項中國專利。著有六部化學著作，發表超過五百篇研究論文，獲引用超過一萬一千次。成就獲國際科學界高度認同，於 2001 年榮膺中國科學院院士。同時，亦是第十二屆全國政協委員。

人不知而不慍：
做自己認為對的事

陳：校長，可否跟我們分享一下，《論語》對你的為人處世有甚麼啟發？你有甚麼感受？

新滋：我小時候便開始讀《論語》，一直也有閱讀，直到現在，所以《論語》也讀了幾十年了。可是每次讀《論語》都會有新的感覺。《論語》是孔子同學生交流的記錄。

〈學而〉第一篇是「學而時習之，不亦說乎？有朋自遠方來，不亦樂乎？人不知而不慍，不亦君子乎？」特別是「人不知而不慍，不亦君子乎？」這一句很有意思。孔子的意思不是說你有學問人家便不惱怒，不是這樣的意思，是指即使別人對你有誤解，使你感到委屈，你也不生氣。這樣的話，當你做起事來，便不會為了使別人高興而去做，而是你認為事情是對的才去做。孔子在《論語》裏有很多話都有類似的意思。

陳：對，校長，我閱讀《論語》時，也感到孔子的思想是一脈相承的。現在我在社會做事時，也感到，愈成功、愈有才華的人，他們都是愈謙厚的。

子曰：「學而時習之，不亦說乎？有朋自遠方來，不亦樂乎？人不知而不慍，不亦君子乎？」

——《論語‧學而》

孔子說：「學了，然後按一定的時間去實習它，不也高興嗎？有志同道合的人從遠方來，不也快樂嗎？人家不了解我，我卻不怨恨，不也是君子嗎？」

君子不重則不威：
言談舉止宜莊重

陳： 校長，你自小熟讀《論語》，《論語》內有很多經典名句，可以跟我們分享一下嗎？

新滋： 我想起周恩來。他是一位很莊重的君子，使我想起《論語》有一句：「君子不重，則不威；學則不固。主忠信。無友不如己者。過，則勿憚改。」我們必須要莊重，無論是言談、禮貌都需要莊重，表達出來都是不怒而威的，周恩來便是這樣。

「學則不固」，很多人以為是指學習不夠穩固，其實另一說法也許較合理，就是多學習，人便不會頑固，不會固步自封。

「主忠信」，很多人以為是指忠君，其實「忠」是可以指忠於國家。朱熹對孔子思想的解說是：「夫子之道，忠恕而已矣。」盡己之謂忠，推己及人之謂恕，盡自己力量做到最好已是忠的了。

「無友不如己者」別誤解以為是與不如己的人做朋友，「不如」的意思是指不與自己志同道合的人做朋友，要與志同道合的人一起為共同理想努力，這樣力量便會大。

「過，則勿憚改」是指一個人犯了錯是不要緊的，承認錯誤，然後改好它，那樣便是君子了。

陳：周總理給我們感覺是很有儒雅風範，很多外國人也有同樣的評價。

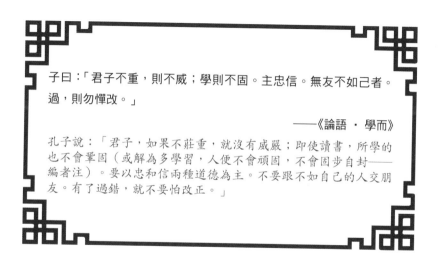

子曰：「君子不重，則不威；學則不固。主忠信。無友不如己者。過，則勿憚改。」

——《論語·學而》

孔子說：「君子，如果不莊重，就沒有威嚴；即使讀書，所學的也不會鞏固（或解為多學習，人便不會頑固，不會固步自封——編者注）。要以忠和信兩種道德為主。不要跟不如自己的人交朋友。有了過錯，就不要怕改正。」

學理工的也要懂《論語》嗎？
讀好《論語》對人生幫助很大

陳：陳校長，我知道你是一位科學家。

新滋：對，我是做化學的。

陳：對，你是讀化學的，你是理科生，但是在我們的大學聚會中，你會寫下很多優美的詩，你的中文書法也很了得！

新滋：不敢當！我的書法尚要學習呢！

陳：為何你能有這方面的學養？你自小對中文很有興趣嗎？

新滋：對，我自小很喜歡中文！我認為身為中國人，對自己的文化有認識是責任，跟讀理科沒有矛盾。學化學是應用在社會上，學習文學或哲學是充實自己，是對自己修養有幫助。

陳：你認為在現今 21 世紀的社會，《論語》可以帶來甚麼啟示？

新滋：《論語》有二十篇，內容涵蓋很多方面，是多年來孔子與學生對話的摘錄，是最精彩的。經過兩千多年，流傳到今天，已經是經典了，能幫助我們思考人生的哲理。所以我認為每個人都應該讀《論語》。

朱熹當時把學、庸、論、孟即四本重要經典列為「四書」，是很對的，從前的小孩都會讀「四書」，我認為我們現在也要一樣，我認為學、庸、論、孟，人人都應該要讀。《論語》特別容易讀，因為內裏的語句都是很短的，如果你能夠深刻地讀、清楚地讀，能讀得好的話，對人生的幫助會很大。

陳：我也有這方面的經驗。由於有需要，我小時候閱讀過的《論語》，現在會再看一遍。我發現每次讀《論語》，都會帶來不同的人生感受。

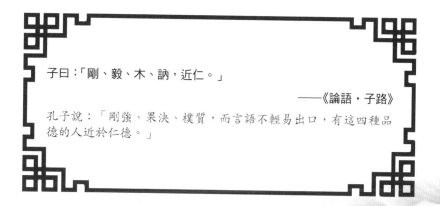

子曰：「剛、毅、木、訥，近仁。」

——《論語・子路》

孔子說：「剛強、果決、樸質，而言語不輕易出口，有這四種品德的人近於仁德。」

錢大康教授

香港浸會大學校長

　　錢大康教授於 2015 年 9 月 1 日出任香港浸會大學第五任校長。

　　錢教授於 2010 至 2015 年擔任香港大學首席副校長和計算機科學系講座教授。錢教授於美國密蘇里大學（哥倫比亞）修讀電機工程，1975 年及 1979 年分別取得學士及博士學位，隨後在馬利蘭州美國太空總署高達太空飛行中心從事研究工作兩年，於 1981 至 1995 年在美國威斯康辛大學（麥迪遜）電機及電腦工程系任教。錢教授在研究電腦影像、圖像處理及圖形辨識等領域均享有卓越地位。他曾獲多個獎項，包括美國國家科學基金年輕研究員總統大獎，亦獲委為著名學報的編輯委員。

　　錢教授曾在多個機構擔任公職，包括應用研究局、創新科技署、策略發展委員會和數碼港董事局等等，亦曾任香港教育城董事會主席。他現任科學博物館諮詢委員會主席、應用科技研究院董事局董事、裘槎基金會董事局成員和特區政府創新及科技諮詢委員會成員。

平衡發展：
全人教育與孔子的「六藝」

陳：錢校長，雖然浸大趨向國際化，但我知道你也注重博雅教育。你認為博雅教育如何貫徹浸大一直推行的全人教育理念？

錢：博雅教育（Liberal Education）這個名詞，在古希臘是指培養具有廣博知識和優雅氣質的人。「博雅」的拉丁文原意是「適合自由人」，而我們浸大的意願，是希望學生不要成為沒有靈魂的專家，而是成為一個有文化的人。博雅教育不同於專才訓練，有好些專科例如法律、工程、建築學、設計、醫學等等都是專科訓練，這些領域不屬於博雅教育。這也是孔子所說的「君子不器」，後人的解釋是「器者，各周其用；至於君子，無所不施」。實際上從孔子開始已經注意到博雅與專精的分別。不過隨著社會變遷，今時今日的博雅教育已經涵蓋了人文教育和科學教育，所以又稱為文理教育。浸大走向國際化的同時，也要提升學生的素質教育，以達成我們全人教育的理念，所以我認為兩者是沒有衝突的。

陳：特別在東方，這種教育的傳統可以追溯到先秦時代的六藝教育和漢朝以後的儒家教育；六藝教育注重綜合知識和技能，而儒家教育偏重人格和人文質素。

錢：對。孔子的「六藝」包括六個科目：禮、樂、射、御、書、數。六藝反映的是一種全科式多元學習和平衡學習、以全人發展為中心的教育理念；與當前很多人強調的「分流分科」、以就業為目的的教育理念有所不同。我們在現實中可以見到，有些人把年輕人分類，劃成理工型、人文型兩種類型，有的年輕人甚至會相信這種分類，也硬給自己定型，以致缺乏平衡發展的自信。我希望提醒大家的是，學業「專精」是由於「職業」的分工，而不是「人性」的歸類，希望學生不要顧此失彼，失去廣泛學習、博學於文的興趣。

國際上已經有一些大學注意到這個問題，譬如 MIT（麻省理工），所有本科生均需完成必修課程，包括基礎科學、人際關係、文藝社科、體育運動。這可以說是實踐了「多元學習」、全人教育的理念。

陳：孔子強調對六藝的通習和實踐，這也可以說在很早以前，他已經發展出東方的全人教育思想。

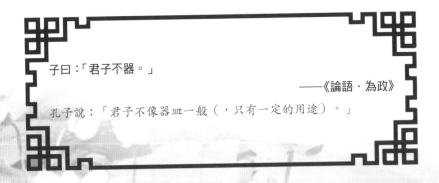

子曰：「君子不器。」

——《論語·為政》

孔子說：「君子不像器皿一般（，只有一定的用途）。」

尤德爵士夫人

尤德爵士夫人畢業於倫敦大學東方及非洲研究院，熱愛中國文化。她的丈夫尤德爵士，為香港第二十六任總督（1982—1986）。尤德爵士紀念基金成立於 1987 年，宗旨是為香港市民在本港或海外進修、學習或進行學術研究提供資助。

守望互助與正義、仁慈：
中華傳統價值觀和西方的分別

陳：熱愛中國文化的前港督尤德爵士夫人（下注 Y），每年都會來港跟學生會面。今次我們很難得邀請到她跟何文匯教授（下注 H），跟我們一起「世說論語」。

We are honoured to have Lady Youde and Professor Ho here with us today. Lady Youde, since you studied Chinese culture at SOAS, the University of London, what is the difference between traditional Chinese values and Western values? Do you have any idea you can share with us? （今日很榮幸請來尤德爵士夫人和何文匯教授。尤德爵士夫人，你曾在倫敦大學亞非學院研究中國文化，對於中國傳統價值觀和西方的分別，有甚麼看法？）

Y：I think the traditional Chinese values of righteousness and benevolence and that sort of thing are very similar to our traditional Western values, and they come from our heritage of our ancient philosophers. The idea of looking after each other and treating people as you will wish them treat you are very much ingrained in our society. （我認為中國傳統價值觀對正義和仁慈等的看法，跟西方的傳統

價值觀十分相似，都是古代哲學家的遺澤。好像守望相助、待人如己等想法，在社會裏早已根深蒂固。）

陳：I agree with that. How about Professor Ho? What is your opinion?
（我很同意。何教授的看法如何？）

H：I tend to agree with Lady Youde of course. When we talk about traditional Chinese values, we somehow think of Confucius, who lived a long, long time ago. So we tend to think these must be traditional values. But the fact that they survive until today means they are at times modern as well.
（我當然認同尤德夫人。當談到中國傳統價值觀，我們總會聯想到孔子，數千年以前的聖賢。我們往往將傳統價值觀看成古老的東西，但這些價值觀流傳至今，證明它們有時也是有現代感的。）

We tend to think of Western values as something modern, but the gist is more or less the same. We have compassion for the sufferings of others, we don't kill people, we abide by the laws. These values are universal, they transcend time. So come to think of it, really, traditional values and modern values are more or less the same. Maybe the packaging is different. But inside it is more or less the same.
（我們往往將西方價值觀視為現代，但兩者的精神大同小異。我們同情別人受苦，不殺人，守法紀。這些都是普世價值，超越古

今。所以仔細想來，傳統價值觀和現代價值觀其實大同小異，包裝可能不同，但內在大同小異。）

陳： Actually they are not so different after all.
（兩者沒有太大分別。）

H： They are after all not that different.
（分別不是那麼大。）

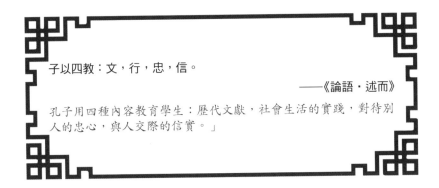

子以四教：文，行，忠，信。

——《論語・述而》

孔子用四種內容教育學生：歷代文獻，社會生活的實踐，對待別人的忠心，與人交際的信實。」

中華傳統價值觀在 21 世紀已是過時？
傳統價值觀永遠青春和實用

陳： I remember last year we produced "The Analects for Us All". Some people were very glad, but some of them thought these old-fashioned Chinese traditional values are very outdated in the 21st century. So what do you think about it?

（我們去年播映《世說論語》，口碑很不錯。但有些人認為中國傳統價值觀在 21 世紀已是過時。你有甚麼看法？）

Y： I think that's not quite true of course. Because our society has been enlarged so quickly, families have not had the influence over their children now than they used to have, and so aren't able to perhaps bring them up quite in the same way that they would like them to be.

（我不敢認同。隨著社會迅速擴大，家庭對兒童的影響大不如前，教養孩子的路也不如以往。）

I think the young people are very conscious of helping each other. Of course we can't generalize, but on the whole they do have this idea of looking after each other, which will be benevolence, and trying to do the right thing, generally speaking. And I think that we should look around at the young people in Hong Kong today, so many of them are doing social work, and helping other people. I am very impressed, I must say, when talking to them, by how much they do want to help society, and really want to give back some of the advantages of once being the luckier.

（依我看，年輕人很有意識地互相幫助。當然我們不能一概而論，但整體上他們有互助精神，也就是仁愛之心，想做正確的事。試看當今香港的年輕人，不少都當義工幫助別人，讓我很佩服。跟他們閒聊時，我發現他們是多麼熱心幫助社會；他們身在較幸運的一群，因此希望回饋社會。）

陳： I totally agree with that. Professor Ho, what is your idea?

（我完全同意。何教授的看法呢？）

H： Again, it's really a matter of packaging. The fact that those values are espoused by the Confucian Analects makes them seem old-fashioned. But if the creative can renew the packaging, the heart of the matter remains unchanged.

（如較早前所說，這是包裝問題。這些價值觀因為是《論語》的主張而被視為過時，假如被有創意的人重新包裝，本質其實不變。）

The Analects for example advocates benevolence and righteousness, what's wrong with being a benevolent man？ Confucius also said that someone who is purely benevolent is also gullible. Therefore you've got to regulate benevolence with wisdom, which can be acquired through learning. It's all very practical. We will say the same without mentioning Confucius, It doesn't seem that old-fashioned.

（譬如《論語》提倡仁義，做仁人君子有何不好呢？孔子亦說過純粹的仁者可欺。「仁」是需要用智慧來調節的，智慧則可透過學習而取得。這些都切實可行。我們不引用孔子的話也會這樣說，因此《論語》提倡仁義並不過時。）

So, packaging is important, and we will leave it to creative people like Katie to make sure that they don't look old-fashioned, because they are forever young and useful.

（包裝很重要。有時也要有賴像復生這樣的創意人才，確保它們不顯得落伍。因為這些價值觀是永遠青春和實用的。）

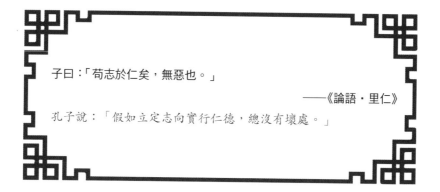

子曰：「苟志於仁矣，無惡也。」

——《論語・里仁》

孔子說：「假如立定志向實行仁德，總沒有壞處。」

用討論、檢驗代替灌輸道德觀念：
中華傳統美德值得青少年學習

陳：《論語》提倡「仁」，並需以「智」來調節。聖哲之言，歷久常新。一直關心青少年教育的尤德爵士夫人，她認為中華傳統美德值得現今青少年學習。

Since, Professor Ho, you just mentioned about packaging, do you have any idea on the promotion of these traditional values in the 21st Century? （何教授剛剛提到包裝。對於在 21 世紀宣揚傳統價值觀，你有甚麼看法呢？）

H： Shall I let Lady Youde answer that question first?
（我可否先請爵士夫人發表意見？）

陳： Of course! Please Lady Youde.
（當然！爵士夫人請。）

Y： Initially, parents can encourage their children. But where children are not lucky enough to have that support from their families, which does occur, they can get it from their teachers, from their schools and also from joining in activities in society.

〔父母可以鼓勵子女去培養（傳統美德），但有些孩子沒有那麼幸運，能夠從家庭中得到這種支持，他們可以從老師和學校那兒得到，或透過參加社會活動而得到。〕

I think that most children enjoy joining in things. If you give them the opportunity to do some good, to help other people, they will always take that. The children that are left out are the ones perhaps not looked after by society, they are the ones that tend to go astray. But helping the children to join together to help other people is a very good thing.

（孩子大都希望參加甚麼的，只要給他們做好事和幫助他人的機會，他們肯定會去做。被遺漏的可能是那些得不到社會照料的孩子，他們很容易誤入歧途。讓孩子們同心協力幫助別人，是很美好的事。）

陳： Professor Ho?

（何教授有甚麼看法呢？）

H： Lady Youde is absolutely right. Charity begins at home. Parents should be the best role models. Classrooms are also important. But we must realize that the days of indoctrination are long gone. Young people nowadays are so aware of their rights they don't like receiving the instructions of their parents, or even teachers, on moral issues.

（尤德夫人說得甚是。啟發善心由家庭做起，父母應該是最好的

榜樣。課堂也很重要。但我們要明白灌輸道德觀念的日子已一去不返。當今年輕人很清楚自己的權利，不喜歡從父母和老師身上接受道德課題的訓誡。）

They want to choose their own set of values, which may in fact be very similar to the values embraced by their parents and teachers. But because of their awareness of their freedom to choose, you don't indoctrinate. I believe in the classroom participation is important.

（他們要選擇屬於自己的價值觀，縱使這些價值觀跟父母和老師的價值觀可能非常相似。但因為他們意識到他們有選擇的自由，你就別灌輸。我相信在課堂上，參與是十分重要的。）

One can actually examine these moral principles through discussion. Through discussion, students will have this sense of participation which will develop into a sense of ownership. Once you feel that you own those values, you will love those values, you will abide by those values. I think this is something we really have to think about.

（與其灌輸，倒不如透過討論來檢驗道德原則。通過討論，學生有參與感，繼而形成擁有感。當你對這些價值觀產生擁有感，你就會愛上這些價值觀，你就會遵守這些價值觀。我想這真的是我們要考慮的事情。）

陳：We must do something to encourage more interaction.

（我們要做點事去促進互動。）

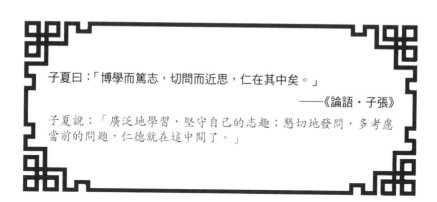

子夏曰：「博學而篤志，切問而近思，仁在其中矣。」

——《論語・子張》

子夏說：「廣泛地學習，堅守自己的志趣；懇切地發問，多考慮當前的問題，仁德就在這中間了。」

給年輕人的幾句話：
堅持下去會得到回報的

陳：尤德爵士紀念基金成立於 1987 年，近三十年來扶植及培養了不少香港傑出的學生和市民。每年尤德爵士夫人都會出席基金會的活動，見證著一代又代的青少年奮鬥的事跡。她相信只要永不言棄，有志者，事竟成。

陳：Lady Youde, for all these years you have so cared for and supported the Hong Kong students. Can you say a few words to encourage our young generation?
（尤德爵士夫人多年來關心和支持香港學生，可以向年輕一代說幾句鼓勵的話嗎？）

Y：Yes indeed. I have been very fortunate to be in touch with our students ever since the Sir Edward Youde Memorial Fund was set up in 1987, of which we are having our 30th anniversary next year.
（當然可以。自基金成立後，我有幸接觸到很多學生。尤德爵士紀念基金在 1987 年成立，明年便是我們三十周年紀念。）

And so I have kept in touch with the young friends, who've now turned into eminent professors, and I have been able to see them all the way through. And I find that because of their good fortune, most of them are really inspired to help their fellow students and help other people.

（有些年輕朋友已成為著名教授，我一直見證著他們的人生道路。我發現得獎者有感於自己的幸運，大都深受啟發，樂於幫助其他學生和他人。）

So, I would like to say to the young people who are coming up now：Even if you find you don't succeed at first, perhaps you fail your examinations at first, and you don't get the award you are hoping for, not to give up, to carry on and try again. Because always there is a great reward in keeping up and trying for things that you really want and not giving up thinking 'I can't have that', and really go for it.

（我想向正在奮鬥的年輕人說，即使一開始沒有成功，或因考試失利而得不到你希望得到的獎勵，也不要放棄，要再接再厲。因為堅持下去會得到回報的，努力爭取想要的東西，永不言棄。別去想我做不到，只要勇往直前。）

Sometimes doors open that you never even thought about, and happy things will come out of what seems like an initial failure.

（有時反而開啟了意想不到的機會之門，開始時的失敗又焉知非福。）

陳： Thank you very much. We really treasure what you shared with us today.

（謝謝兩位，非常感謝你們今天的分享。）

子曰：「君子求諸己，小人求諸人。」

——《論語・衛靈公》

孔子說：「君子要求自己，小人要求別人。」

何文匯教授

香港中文大學前教務長

　　何文匯教授，香港大學文學士（1969）及哲學碩士（1972）、英國倫敦大學哲學博士（1975）、太平紳士（1987），1979年開始在香港中文大學任教，歷任該校教務長及香港中文大學—東華三院社區書院校長。近三十年來通過著述、教學和演出電視節目，推動以分辨平仄為本的中國語文教學，務使學生具備翻查正統中文字典以推出正讀的能力，並強調正音正讀在相互溝通上的重要性。著作有《陳子昂感遇詩箋》、《雜體詩釋例》、《粵音正讀字彙》、《粵音平仄入門》、《粵音正音示例》、《粵音教學紀事》、《詩詞四論》、《周易知行》等中英文專書二十餘種及中英文論文三十餘篇。（2016）

《論語》的重點是甚麼？
《論語》是一本論「仁」的書

陳：今天很高興請到何文匯教授來到我們的節目，讓我可以再一次答謝何教授，為我們的「復興新生系列之世說論語」這節目題字。何教授，我一直有問題想向你請教。《論語》是一本怎樣的書？是由甚麼人編撰？它的重點又是甚麼呢？

何：《論語》是孔子及其弟子的語錄。是哪些人編撰呢？似乎是孔子的弟子和再傳弟子，例如曾子的門人。如果用修辭手法來形容，《論語》是孔子學說的寶庫，是修身齊家治國的寶鑑。簡要地說，《論語》是一本論「仁」的書，能夠體「仁」、行「仁」的人，就是仁者。

但是「仁」必須用「知」（智）來調節，才是真正的仁。否則一位好仁者，因為充滿愛心，便容易受騙，反而害事。《論語》記載了孔子的學生樊遲問仁，子曰：「愛人。」問知，子曰：「知人。」所以不知人而愛人，就是不智了。

孔子也說：「好仁不好學，其蔽也愚。」大抵就是這個意思。但是「好知不好學，其蔽也蕩」，放蕩不羈，所以說到底也是要

學。學則能生知（智），有知（智）才能成為真正的仁者。而「仁」最能表現在忠恕之中，所以曾子說：「夫子之道，忠恕而已矣。」

陳： 那麼，下次何教授務必要跟我們說說忠恕之道了。

樊遲問仁。子曰：「愛人。」問知。子曰：「知人。」

——《論語‧顏淵》

樊遲問仁。孔子道：「愛人。」又問智。孔子道：「善於鑑別人物。」（樊須，字子遲）

子曰：「由也！女聞六言六蔽矣乎？」對曰：「未也。」
「居！吾語女。好仁不好學，其蔽也愚；好知不好學，其蔽也蕩；好信不好學，其蔽也賊；好直不好學，其蔽也絞；好勇不好學，其蔽也亂；好剛不好學，其蔽也狂。」

——《論語‧陽貨》

孔子說：「仲由！你聽過有六種品德便會有六種弊病嗎？」子路（仲由字子路，又字季路）答道：「沒有。」
孔子道：「坐下！我告訴你。愛仁德，卻不愛學問，那種弊病就是容易被人愚弄；愛耍聰明，卻不愛學問，那種弊病就是放蕩而無基礎；愛誠實，卻不愛學問，那種弊病就是（容易被人利用，反而）害了自己；愛直率，卻不愛學問，那種弊病就是說話尖刻，刺痛人心；愛勇敢，卻不愛學問，那種弊病就是搗亂闖禍；愛剛強，卻不愛學問，那種弊病就是膽大妄為。」

究竟忠恕之道是如何的？
己所不欲，勿施於人

陳：何教授，上回你跟我們提及，曾子曰：「夫子之道，忠恕而已矣。」這次可否跟我們再多說一點，究竟忠恕之道是如何的？

何：「仁」是道德的最高境界，但在日常生活中，「仁」也不過是待人之道而已。忠恕就是我們應有的待人之道。舉例說，樊遲問仁，子曰：「居處恭，執事敬，與人忠。雖之夷狄，不可棄也。」恭、敬、忠，無論你到哪裏去，都不可以棄而不行。與人忠，即與人交往要忠誠。

此外，子貢又問：「有一言而可以終身行之者乎？」子曰：「其恕乎？己所不欲，勿施於人。」「己所不欲，勿施於人」這兩句，在《論語》中出現過兩次，可見孔子對不同的學生，都是說同樣的恕道，就是己所不欲，勿施於人。

但是如果是己所欲呢？最好就是先施於人，所以孔子說：「夫仁者，己欲立而立人，己欲達而達人。」我們想立身，想進達，最好就是先立達他人，這樣就合乎仁道了。可是實行起來卻是一點也不容易。

陳：我們做了很多集的《論語》，其中很多道理很好，的確可以提升我們人民的素質，及個人的修為。但是說得容易，實行起來有時也很難。但我認為我們還是要努力去實行。

樊遲問仁。子曰：「居處恭，執事敬，與人忠。雖之夷狄，不可棄也。」

——《論語‧子路》

樊遲問仁。孔子道：「平日容貌態度端正莊嚴，工作嚴肅認真，為別人忠心誠意。這幾種品德，縱到外國去，也是不能廢棄的。」

子貢問曰：「有一言而可以終身行之者乎？」子曰：「其恕乎！己所不欲，勿施於人。」

——《論語‧衞靈公》

子貢問道：「有沒有一句可以終身奉行的話呢？」孔子道：「大概是『恕』罷！自己所不想要的任何事物，就不要加給別人。」

子貢曰：「如有博施於民而能濟眾，何如？可謂仁乎？」子曰：「何事於仁！必也聖乎！堯舜其猶病諸！夫仁者，己欲立而立人，己欲達而達人。能近取譬，可謂仁之方也已。」

——《論語‧雍也》

子貢道：「假若有這麼一個人，廣泛地給人民以好處，又能幫助大家生活得很好，怎麼樣？可以說是仁道了嗎？」孔子道：「哪裏僅是仁道！那一定是聖德了！堯舜或者都難以做到哩！仁是甚麼呢？自己要站得住，同時也使別人站得住；自己要事事行得通，同時也使別人事事行得通。能夠就眼下的事實選擇例子一步步去做，可以說是實踐仁道的方法了。」

仁和知（智）的關係：
仁需要知（智）來調節

陳：何教授，你說過仁需要知（智）來調節，才能成為真正的仁。可否跟我們多說一點關於仁和知（智）的關係呢？

何：既仁且知（智），就能分辨好人、壞人，君子、小人。孔子說：「唯仁者能好人，能惡人。」一位真正的仁者，不會好像喜歡君子一樣喜歡小人。除非那小人覺悟、改過、修德，否則仁者會厭惡他，疏遠他，以免受不良影響。這就是用知（智）去調節仁。

孔子又說：「不仁者不可以久處約，不可以長處樂。仁者安仁，知者利仁。」一個不仁的人，窮得太久便會為非作歹，富得太久便會驕奢淫逸。但是一位仁者，不論是在貧或富之中，都安於仁道；知（智）者明白仁道的美好，則會善用仁道。要成為知（智）者，就一定要學習。所以孔子說：「君子食無求飽，居無求安，敏於事而慎於言，就有道而正焉，可謂好學也已。」我們不一定只有在課堂上才學習，我們要每一刻都學習，因為學可以明理，所以好仁、好知（智），也要好學才行。

陳：的確，我們應該無時無刻都要學習。今天我也跟何教授你學了很多，我做這個節目也學了很多。

何：我也是，教學相長呢！

子曰：「唯仁者能好人，能惡人。」

——《論語・里仁》

孔子說：「只有仁人才能夠喜愛某人，厭惡某人。」

子曰：「不仁者不可以久處約，不可以長處樂。仁者安仁，知者利仁。」

——《論語・里仁》

孔子說：「不仁的人不可以長久地處於窮困中，也不可以長久地居於安樂中。有仁德的人安於仁（實行仁德便心安，不實行仁德便不安）；聰明人利用仁（他認識到仁德對他長遠而巨大的利益，他便實行仁德）。」

子曰：「君子食無求飽，居無求安，敏於事而慎於言，就有道而正焉，可謂好學也已。」

——《論語・學而》

孔子說：「君子，吃食不要求飽足，居住不要求舒適，對工作勤勞敏捷，說話卻謹慎，到有道的人那裏去匡正自己，這樣，可以說是好學了。」

君子的不同性格：
知（智）、仁、勇

陳：何教授，你說過「仁」需要用「知」（智）來調節。當我讀《論語》時，我也發覺仁和知（智）往往被相提並論。可否跟我們再多舉一些例子呢？

何：孔子說：「知者樂水，仁者樂山。知者動，仁者靜。知者樂，仁者壽。」意思是知（智）者靈活如水，所以喜歡水；仁者安穩如山，所以喜歡山；知（智）者務進取，所以動；仁者無貪慾，所以靜。智者動而有成，所以歡樂；仁者安靜寡慾，所以壽考。這就是仁知（智）並舉的例子。

孔子又知（智）、仁、勇同舉，孔子說：「知者不惑，仁者不憂，勇者不懼。」知（智）者明白事理，所以不會疑惑；仁者樂天知命，所以不會憂慮；勇者剛毅果敢，所以不會恐懼。

孔子把知（智）、仁、勇分開來說，其實是強調君子不同的性格，因為真的知（智）者必有仁勇，真的仁者必有知（智）勇，真的勇者必有知（智）仁。孔子又說：「君子道者三，我無能焉。」意思是我沒有這個能力、沒有做到。「仁者不憂，知者不惑，勇

者不懼。」子貢說：「夫子自道也。」即老師在說他自己。

陳： 那麼說孔子很聰明，也很謙虛，他不會自己讚自己啊！

何： 當然，面子是人家給的。

子曰：「知者樂水，仁者樂山。知者動，仁者靜。知者樂，仁者壽。」

——《論語・雍也》

孔子說：「聰明人樂於水，仁人樂於山。聰明人活動，仁人沉靜。聰明人快樂，仁人長壽。」

子曰：「知者不惑，仁者不憂，勇者不懼。」

——《論語・子罕》

孔子說：「聰明人不致疑惑，仁德的人經常樂觀，勇敢的人無所畏懼。」

子曰：「君子道者三，我無能焉：仁者不憂，知者不惑，勇者不懼。」
子貢曰：「夫子自道也。」

——《論語・憲問》

孔子說：「君子所行的三件事，我一件也沒能做到：仁德的人不憂慮，智慧的人不迷惑，勇敢的人不懼怕。」子貢道：「這正是他老人家對自己的敍述哩。」

何文匯教授　43

《論語》中的「學」是甚麼概念？
尋求知識和慎思明辨

陳：何教授，你說過好仁好知（智），也需要好學才行。可否跟我們說說，在《論語》裏「好學」的「學」的概念又是如何的呢？

何：《論語》裏的「學」，一般指尋求知識和慎思明辨。但是如果「學」和「思」並舉的話，這個「學」便是指尋求知識而已。舉例說，孔子說：「學而時習之，不亦說乎？」學而時習之，必有所得，所以喜悅。「有朋自遠方來，不亦樂乎？」同門曰「朋」，同志曰「友」，從遠方而來跟你論道，跟你講習，你說是多麼的快樂！「人不知而不慍，不亦君子乎？」人家不賞識我，我也不氣惱，這是君子所為。這裏的「學」，其實已隱約包含了慎思明辨。

孔子又說：「學而不思則罔，思而不學則殆。」在這裏的「學」，則是指尋求知識。學而不尋思其義，就會惘然無所得；思而不學，最終也無所得，反而會使自己精神疲殆。

由學習、明理至體仁、行仁，是一個漸悟的過程。漸悟到一個地

步，豁然開朗，這就是頓悟的境界。孔子說：「仁遠乎哉？我欲仁，斯仁至矣。」仁道不遠，行之即是，時機成熟的時候，只需一念，就可以成為仁人君子。我們下一次就說君子吧。

陳：好的。謝謝你，何教授。

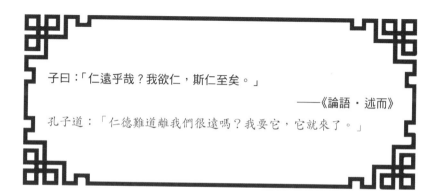

子曰：「仁遠乎哉？我欲仁，斯仁至矣。」

——《論語‧述而》

孔子道：「仁德難道離我們很遠嗎？我要它，它就來了。」

如何定義「君子」?
有知識有德行、善行的人

陳：何教授，我讀《論語》時也留意到，孔子經常提及君子。那麼「君子」的定義是如何的呢？

何：我們可先看看這一段。子曰：「聖人，吾不得而見之矣；得見君子者，斯可矣。」在上古時候，舉凡人君、在位者、有才德的人，都可以稱為君子。在這裏，孔子指的是有才德之君。就是說，像堯、舜、禹、湯這些上聖之人，我見不到；但是見到有才德之君也好啊。言下之意，有才德之君，孔子當時也見不到。

但大家都知道，在《論語》其他篇章，孔子尤其重視「君子」這稱謂的道德內涵，總之有才德的人才稱得上君子。他們是否為王侯將相並不是考慮的因素。縱使如此，《論語》並沒有為「君子」下一個十分明確的定義。

關於「君子」的定義，《禮記‧曲禮上》有一段文字值得我們參考：「博聞強識而讓，敦善行而不怠，謂之君子。」一個人博於見聞，強於記憶，又能謙讓；並且敦篤於善行，從不怠慢，就可以稱得上君子。

陳： 何教授，下次請你說說孔子在《論語》裏如何形容君子了！

何： 好！

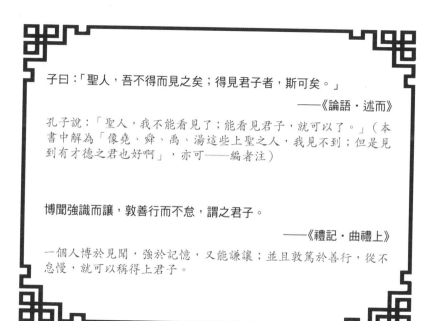

子曰：「聖人，吾不得而見之矣；得見君子者，斯可矣。」

——《論語·述而》

孔子說：「聖人，我不能看見了；能看見君子，就可以了。」（本書中解為「像堯、舜、禹、湯這些上聖之人，我見不到；但是見到有才德之君也好啊」，亦可——編者注）

博聞強識而讓，敦善行而不怠，謂之君子。

——《禮記·曲禮上》

一個人博於見聞，強於記憶，又能謙讓；並且敦篤於善行，從不怠慢，就可以稱得上君子。

孔子如何形容「君子」？
文質彬彬，各方面恰到好處

陳： 何教授，在《論語》裏，孔子是如何形容「君子」的呢？

何： 這一段頗有趣，孔子說：「質勝文則野，文勝質則史。文質彬彬，然後君子。」一個人過於質樸而文采不足，就會像村野之夫；文采過多而不夠質樸，就會像史官。史官即文官，文官重視禮制，所以容易拘泥於形式。只有既質樸又有文采，才足以成為君子。文質彬彬即是文質俱盛，即是文質相半。

陳： 我明白了，何教授，即是要行中庸之道，各方面要恰到好處，即是孔子所謂的君子。剛才你提到文質彬彬，要讀書才行。《論語》裏有說君子儒、小人儒。小人都讀書啊，應如何解讀呢？

何： 孔子跟子夏說：「女為君子儒！無為小人儒！」在孔子時代，儒是指有學識的人，君子為儒，則能以文明道；小人為儒，只會矜誇才名。所以孔子叫子夏要做一個以文明道的讀書人。

西漢時，儒學受到朝廷的尊崇，所以「儒」又特別指有道德的孔

學學者。《漢書·藝文志》說儒家「於道最為高」。所以東漢許慎《說文解字》說:「儒,柔也,術士之俑。」「柔」即謙柔不爭,「術」即大道,術士即有大道之士,對儒家可謂尊崇備至了。

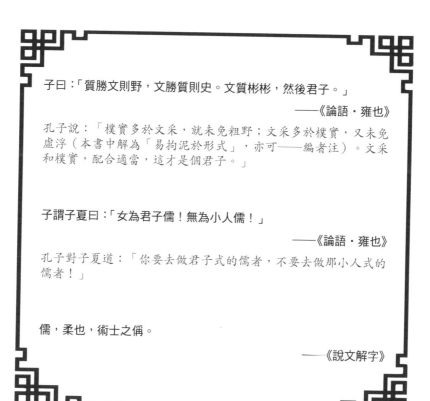

子曰:「質勝文則野,文勝質則史。文質彬彬,然後君子。」

——《論語·雍也》

孔子說:「樸實多於文采,就未免粗野;文采多於樸實,又未免虛浮(本書中解為「易拘泥於形式」,亦可——編者注)。文采和樸實,配合適當,這才是個君子。」

子謂子夏曰:「女為君子儒!無為小人儒!」

——《論語·雍也》

孔子對子夏道:「你要去做君子式的儒者,不要去做那小人式的儒者!」

儒,柔也,術士之俑。

——《說文解字》

君子與小人有何不同？
君子和而不同，小人同而不和

陳：何教授，我讀《論語》時留意到孔子往往把君子與小人作對比，對嗎？

何：是的，有很多這樣的例子，就舉兩個例子吧。第一個，孔子說：「君子周而不比，小人比而不周。」說明君子與小人德行不同。君子只會和人志同道合，不會偏私結黨；小人則只會偏私結黨，不會和人志同道合。因為小人都喻於私利，不會為他人設想，所以很難與人志同道合。

孔子又說：「君子和而不同，小人同而不和。」說明君子與小人志行不同。君子與人相處很和諧，但不會隨便跟人互相認同；小人隨便跟人互相認同，但是往往與人不和。君子是無所爭的，是謙讓的，所以與人相處可以保持和諧；但是君子博聞強識，和一般人的見解和愛好未必相同，所以不會隨便附和他人。小人的嗜好彼此相同，大家都喜歡利己，所以很容易互相認同；但是因為大家只顧自己的利益，最後必然你爭我奪，所以說小人同而不和。

陳：真是很有同感！現今世代似乎有很多同而不和，是否因為
是亂世呢？

何：那麼大家便要反思了！

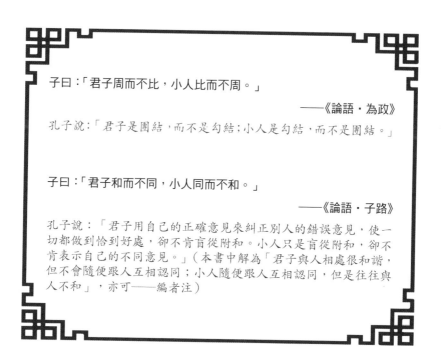

子曰：「君子周而不比，小人比而不周。」

——《論語·為政》

孔子說：「君子是團結，而不是勾結；小人是勾結，而不是團結。」

子曰：「君子和而不同，小人同而不和。」

——《論語·子路》

孔子說：「君子用自己的正確意見來糾正別人的錯誤意見，使一
切都做到恰到好處，卻不肯盲從附和。小人只是盲從附和，卻不
肯表示自己的不同意見。」（本書中解為「君子與人相處很和諧，
但不會隨便跟人互相認同；小人隨便跟人互相認同，但是往往與
人不和」，亦可——編者注）

孔子的政治觀：
施行仁政，以民為本

陳：何教授，《論語》的第一篇是〈學而〉，第二篇便是〈為政〉，那孔子的政治觀是如何的呢？

何：舉例說，顏淵問為邦，子曰：「行夏之時，乘殷之輅，服周之冕，樂則韶舞。放鄭聲，遠佞人。鄭聲淫，佞人殆。」

夏朝以一月為歲首，殷朝以十二月為歲首，周朝以十一月為歲首。夏朝的春天是一、二、三月，周朝的官方春天是十一、十二、一月；夏朝的夏天是四、五、六月，周朝的官方夏天是二、三、四月。如果民間用周曆就會擾亂農時，所以為了方便耕作，民間一直兼用夏曆。所以孔子說行夏之時，即是說繼續容許民間用夏曆。

輅即是車，殷代用木車，所以乘殷之輅，是取其儉樸。周的禮冠前面有旒，可以遮眼，兩旁各垂一個耳塞，叫作「充耳」，表示明有所不見，聽有所不聞，在位者不要太留意他人的小過失。韶是帝舜的舞樂，孔子認為韶樂是「盡美矣，又盡善也」。

但是，為政者一定要放棄鄭國的樂曲和疏遠善於奉承的人。因為鄭國的樂曲靡曼淫蕩，足以令人喪志；善於奉承的人一定善於中傷，所以極其危險。孔子闡釋仁政，非常具體。

陳：不單具體，還很實用，而且是以民為本。

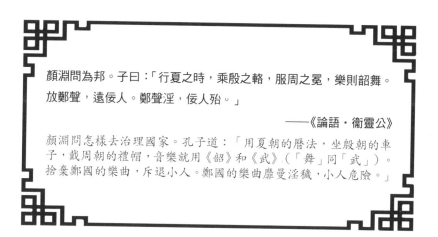

顏淵問為邦。子曰：「行夏之時，乘殷之輅，服周之冕，樂則韶舞。放鄭聲，遠佞人。鄭聲淫，佞人殆。」

——《論語・衞靈公》

顏淵問怎樣去治理國家。孔子道：「用夏朝的曆法，坐殷朝的車子，戴周朝的禮帽，音樂就用《韶》和《武》（「舞」同「武」）。捨棄鄭國的樂曲，斥退小人。鄭國的樂曲靡曼淫穢，小人危險。」

甚麼是「四科十哲」？
德行、言語、政事、文學，四科弟子

陳：何教授，講起《論語》，大家會想到「四科十哲」。可否跟我們講解一下？

何：我們先看看這段文字：「德行顏淵、閔子騫、冉伯牛、仲弓；言語宰我、子貢；政事冉有、季路；文學子游、子夏。」

後面用表列出這十個弟子的姓、名、字，給大家參考。《史記》引《論語》，把「政事」放在「言語」之前，這不可不知。

後世稱德行、言語、政事、文學為「孔門四科」，稱四科弟子為「十哲」。唐朝的官方文獻已經有「四科十哲」之名。原本漢朝的學校都奉祀周公和孔子，後唐高宗以周公配周武王，於是孔子便獨當一面。

唐高宗又贈孔子為太師，贈即是追封、追賜、追授。武則天追封孔子為隆道公；唐中宗追諡孔子為文宣。唐玄宗開元八年，朝廷塑造十哲的坐像，按《史記》的次序，安放在孔廟從祀，即附祭。又塑造曾子像與十哲同坐。

開元二十七年，唐玄宗贈孔子為文宣王，贈顏子為公，十哲其餘九人為侯，以曾子為首六十七人為伯。唐朝的君主對孔子如此尊崇，全因為一本《論語》。

陳：所以我們真是要「世說論語」了！

四科弟子

德行	言語	政事	文學
顏回（子淵）	宰予（子我）	冉求（子有）	言偃（子游）
閔損（子騫）	端木賜（子貢）	仲由（子路）	卜商（子夏）
冉耕（伯牛）			
冉雍（仲弓）			

趙國雄博士

長江實業地產有限公司執行董事
眾富基金會主席
香港浸會大學榮譽社會科學博士

　　趙國雄博士，長江實業地產有限公司執行董事，新加坡亞騰資產
管理有限公司主席。上海市政協第十二屆委員會常務委員。同時為香
港科技協進會的資深會員及香港地產行政學會資深會員，香港浸會大
學基金董事。趙國雄博士曾在香港浸會大學（前香港浸會書院）就讀
社會學系，其後轉往加拿大特倫特大學完成學業，獲得社會學及經濟
學學位。趙先生並獲香港浸會大學頒發榮譽社會科學博士學位及加拿
大特倫特大學頒發榮譽法學博士學位。他亦為加拿大特倫特大學商學
院院士及英國劍橋大學土地經濟學系資深客座院士及廣州中山大學藥
物學系榮譽教授。

如何看學運？
盡己所能，毋忘初心

陳：趙國雄博士是集團的執行董事，是地產界紅人，同時亦是香港浸會大學的傑出校友。他忠於祖國，熱愛自己的民族，年輕時，積極參與社會運動，為堅持理想而爭取公義！

趙師兄，你好！你是我們浸大的傑出校友，謝謝你對母校的支持！我知道早年的時候，你也是第一代的學生運動的活躍分子！

趙：當時我還年輕，還是跟著師兄們、師姐們參與運動。開始時是參與了保釣運動，當時保衛釣魚台運動也算是轟動，也呼喚了我們年輕朋友對國家的關注。我們從小便對國家充滿感情。當時的中國很窮，也不是特別強大，但大家對國家很有感情。宋代的張載說過，「為天地立心，為生民立命，為往聖繼絕學，為萬世開太平」。張載反映了當時應該要如何做好一個國民。當時我們未必有這樣大的志向，但是我們也很明白「忠」字。我的看法是，不僅是愛國家，也是做人的基本。曾子也說：「夫子之道，忠恕而已矣。」

陳：在七十年代的學運中，學生有他們的運動。那麼你對現在的學運有甚麼看法？

趙：現在整個情況比以前複雜得多。當時學生多些，社會其他階層參與少些。現在的學運相對來說，是社會運動會更貼切。當然我希望同學們能警醒，我們目前所做的事，與當初所定的目標，有沒有差距？我們中國人常說「毋忘初心」，我們所做的事有沒有達到目標呢？如果沒有做到的話，我們是否要反省？

陳：對，我們要時常記著「毋忘初心」，我們要反省所做的事，是否忠於自己，忠於自己的民族和國家。

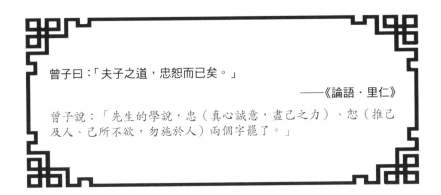

曾子曰：「夫子之道，忠恕而已矣。」

——《論語·里仁》

曾子說：「先生的學說，忠（真心誠意，盡己之力）、恕（推己及人、己所不欲，勿施於人）兩個字罷了。」

成功經驗：
歲寒，然後知松柏之後雕也

陳： 趙師兄，在加拿大可有難忘的趣事或經歷跟我們分享嗎？

趙： 加拿大下雪的日子很多。我們放學後約三點多，便去剷雪，直到五、六點。當時的工資我還記得一小時大約有美金一點四元，做完後便回家吃小點，然後去酒吧做酒保 (Bartender)。我們要兼顧很多工作，包括清潔，有時在星期四、五、六晚，還會手執結他娛賓！沒有辦法，所謂「馬死落地行」，甚麼也要做！但我覺得倒是很好的考驗，我父親以前常常跟我說：「梅花香自苦寒來」，每一個人都要經歷考驗，經過奮鬥，你的成功才會寶貴。特別是那個年代，大部分人都不是出身名門，大家都要經過艱苦的日程，才能捱出頭來。

陳： 成功靠苦幹！《論語》也說：「歲寒，然後知松柏之後雕也。」就如松柏一樣，即使在寒冷的天氣下，也能茁壯成長。

子曰：「歲寒，然後知松柏之後雕也。」

——《論語·子罕》

孔子說：「天冷了，才能知道松柏樹是最後落葉的。」

《論語》中對「利益」的啟發：
三省吾身

陳：其實當時你在加拿大做工也做得不錯，你也賺了不少錢，既要上學又要上班。為甚麼你賺到錢了卻要回港呢？

趙：當時學生在加拿大不可以兼職做暑期工，我當時去了美國華盛頓特區 Washington DC，那兒是旅遊區，暑假很旺，很多遊客。我在餐館做，但人工很低，都是一點四元至一點六元一小時。但旅遊區的生意很好，唐餐館的貼士 (tips) 很多，當時差不多一個月也有美金三、四千元！七十年代有三、四千元的美金已經是很多了！當時賺很多，也覺得生活寫意，我知道在香港絕對賺不到這些錢！有一晚，我回家數那些貼士，愈數愈高興。但有時我會想，為何我做人做得如此？為何我變得這樣勢利？後來我覺得這行業不是不好，而是不適合我。

陳：《論語》也有說，「見利思義，吾日三省吾身」。

趙：對，有時要自己反省做人是否去得太盡。我會反省自己，到底我在做甚麼？

陳：我們不能因為賺很多錢而迷失了方向。

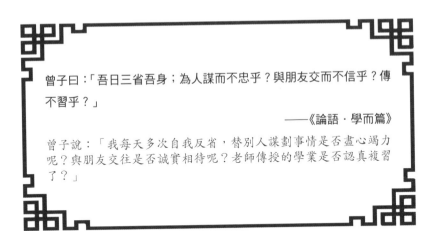

曾子曰：「吾日三省吾身；為人謀而不忠乎？與朋友交而不信乎？傳不習乎？」

——《論語‧學而篇》

曾子說：「我每天多次自我反省，替別人謀劃事情是否盡心竭力呢？與朋友交往是否誠實相待呢？老師傳授的學業是否認真複習了？」

你對工作有責任感嗎？
任重而道遠

陳：趙國雄博士是香港浸會大學的傑出校友。他熱愛國家，讀書時期還曾經參加保釣運動。後來他前往加拿大半工讀，而且收入豐富，不過最後，他決定毅然回港！

你回港後找到甚麼工呢？

趙：我回港後，都是看報紙找工，後來找到一份關於石油氣的工作。人工方面，與美國差很遠了。從前在美國有三、四千元美金一個月，而在香港，當時人工只有港元二千八百元一個月，相差很遠。可是，回港與我的本意較為相符。有一年的年三十晚，因為條件問題，公司同事們罷工，他們不肯送貨又不肯開車！當時有很多客戶打了電話來訂「石油氣」，因為第二天便過年了，你一定要有新石油氣過年。如果不送的話，便是所謂的「斷氣」，正是「大吉利是」！所以我們是有責任的，不能放棄。後來我決定照送貨，自己一個人先駕車走去貨倉取石油氣罐，然後跟單逐張逐張送去。我還記得當時送貨涵蓋範圍由九龍城、何文田、土瓜灣、紅磡這些地方都去了，當我送到最後那一樽石油氣罐的時候，已經是早上零晨四時了！

陳：那麼你就是沒有放假？

趙：是，但你的客戶沒有石油氣用啊！

陳：我想起《論語》的一句，「士不可以不弘毅，任重而道遠」。當時趙師兄你就是有很大的責任感，所以你有這種堅毅的精神來完成你的工作。

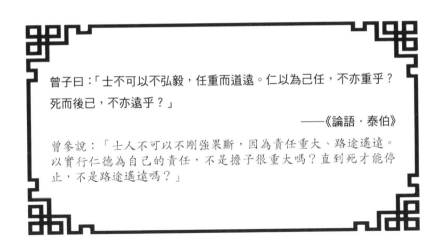

曾子曰：「士不可以不弘毅，任重而道遠。仁以為己任，不亦重乎？死而後已，不亦遠乎？」

——《論語·泰伯》

曾參說：「士人不可以不剛強果斷，因為責任重大、路途遙遠。以實行仁德為自己的責任，不是擔子很重大嗎？直到死才能停止，不是路途遙遠嗎？」

成功之道？
知之者不如好之者，好之者不如樂之者

陳： 我知道賣樓是由你開始。你是讀社會學 (sociology)，不是讀傳理系或是戲劇，但是你曾經扮演了不同人物角色來吸引顧客注意。當時你為何會想到用這個方法來宣傳賣樓？

趙： 初時我想出這個主意時，並不打算自己上演！我原意是請經理們去扮演的！但是他們不願意呀。當時我想，你們不願意，就由我來充當吧。結果做完後發現，反應很好，十分受落！可能我是個十分貪玩的人，所以不介意。但是我認為最重要的是，工作是否投入。如果你對工作有投入感，自然會敬業樂業。

陳： 在管治方面，你是如何管治？管人的確是不容易的事。

趙： 做任何工作也好，管人的確不容易。因為大家來自五湖四海，每個人都有不同的性格和習慣。都是孔子的那一句：「夫子之道，忠恕而已矣。」你看看「恕」字，何謂恕呢？恕可以是個人的胸襟，如果個人沒有胸襟，一定沒有恕；個人有胸襟，便有恕。胸襟就是說，大家有些地方可以接納別人、接受別人。我們經常說，長江不擇細流，長江這樣成功——我指河流，不是我

公司 —— 主要是因為由很多小河匯集而成，長江才可以永恆千古。我們做人也一樣，要公司成功，我們必須要有廣大的胸襟，能容納不同的意見，接納不同的人，能歸納不同經驗，這些都很重要。

陳： 說得甚是，趙師兄！忠恕之道，也就是《論語》的精神和中心思想。

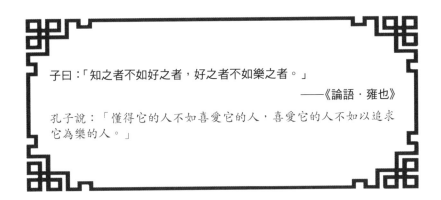

子曰：「知之者不如好之者，好之者不如樂之者。」

——《論語‧雍也》

孔子說：「懂得它的人不如喜愛它的人，喜愛它的人不如以追求它為樂的人。」

陳致教授

香港浸會大學饒宗頤國學院院長
香港浸會大學文學院署理院長

　　陳致教授，香港浸會大學饒宗頤國學院院長、文學院署理院長、
中國語言文學系講座教授。主要研究領域包括經學與先秦歷史文化、
史傳文學、中國古代詩詞、兩周金文和清代學術。

《論語》中的「仁」指甚麼？
做君子就可以達到「仁」

陳： 香港浸會大學饒宗頤國學院院長陳致教授，是我們《世說論語》的顧問。我想藉此機會感謝陳教授，因為我曾經請求陳教授，代我們邀請饒公，後來他畫了一幅荷花的圖贈送給我們，而我們也用之作為這節目的片頭設計。真的很感謝你，陳教授。

陳致： 客氣了！饒先生特別崇拜周敦頤，老先生的名字「宗頤」就源於此。「宗頤」是他父親給他起的，「宗頤」的「頤」就是周敦頤的「頤」。大家都知道《愛蓮說》這篇著名的文章，出淤泥而不染，說的是蓮花品性高潔，它像君子一樣潔身自好，我想饒先生是特別推崇的，所以那麼喜歡畫蓮花，而且畫的蓮花姿態特別生動。

陳： 我們讀《論語》的時候，覺得它裏面提到「仁」時，就是提點你怎樣去做一位君子，然後就可以達到「仁」。除了這幅畫之外，「復興新生系列‧世說論語」這幾個字，也是我們大家的好朋友何文匯老師幫我們題的。這也是通過陳教授，跟我這位老朋友通話又見面，然後他也幫我們題字，非常感謝。何教授也是香港《易經》、《論語》方面的權威和專家，謝謝你陳教授。

孔子在《論語》中推崇君子——具有高尚人格、才德兼備的人。
蓮，出污泥而不染，可謂花中君子。

饒宗頤教授，著名國學及漢學大師。饒公治學範圍極廣，季羨林先
生稱他為自己「心目中的大師」。

周敦頤，北宋著名哲學家。其名作《愛蓮說》以蓮比喻君子。下附
《愛蓮說》全文：

水陸草木之花，可愛者甚蕃。晉陶淵明獨愛菊；自李唐來，世人
甚愛牡丹；予獨愛蓮之出淤泥而不染，濯清漣而不妖，中通外直，
不蔓不枝，香遠益清，亭亭淨植，可遠觀而不可褻玩焉。
予謂菊，花之隱逸者也；牡丹，花之富貴者也；蓮，花之君子者
也。噫！菊之愛，陶後鮮有聞；蓮之愛，同予者何人？牡丹之愛，
宜乎眾矣！

《論語》與學習：
知行合一 + 溫故知新

陳：今日我們很榮幸邀請到浸會大學饒宗頤國學院院長陳致教授，跟我們分享讀《論語》的心得。

陳致：我們就說《論語》第一篇〈學而〉吧。子曰：「學而時習之，不亦說乎？有朋自遠方來，不亦樂乎？人不知而不慍，不亦君子乎？」這幾話乍看起來像是很簡單，但其實很複雜。有些人認為「習」就是學了以後你還要躬行實踐，就是知和行要合一。這是一種解釋。

還有一說「習」還有「實踐」的意思，「習」就是溫故知新。這「溫故」就是要複習再去熟習；還有一說「習」就是「貫通」的意思。可能讀《論語》的時候，第一次你會覺得「習」是「學習」，那麼我要躬行實踐；第二次會覺得溫故知新更有道理；第三次你會覺得融會貫通更重要。所以讀《論語》總是令你有新的想法、新的體驗。特別是有過一些閱歷、一些人生的經驗以後，你會更感到《論語》非常有味道。

錢賓四（錢穆）先生談到讀《論語》，他說人生從二十歲到六十歲，最好讀四十遍。所以我想《論語》總是不厭百回讀吧。

陳：我們要經常閱讀《論語》，溫故知新，我想至少要讀一百遍才可！我還要讀很多遍才夠一百遍呢！

錢穆（1895－1990），原名恩鑠，字賓四，江蘇無錫人，中華民國中央研究院院士，歷史學家，儒學學者，香港新亞中學（原名「新亞書院」）創校人。1967 年，錢穆前往台灣，並於台北素書樓教學。台北市政府文化局於 2001 年將素書樓改名為錢穆故居。

內地及其他亞洲地區的國學熱：
「精」是首要，「多」反而次要

陳： 陳教授，我也想請教一下，你說到內地現在開始盛行研究國學，除了內地，其他亞洲地區例如台灣、日本，它們的發展情況又是怎麼樣的？

陳致： 我們都知道在國內，「傳統」曾經經受革命、文化大革命的洗禮，中斷了一些時間，中斷以後現在要回歸傳統了，當然發展的速度是最快的。台灣它不一樣，它那個傳統沒有經過革命洗禮，它沒有中斷，所以有它的延續性。

你知道錢賓四先生，就是錢穆先生，他曾在新亞書院待過，之後去了台灣，他在台灣的影響也很大。他住的地方叫素書樓，有很多知名的弟子都是在素書樓聽過他的課，有很多知名的學者、還有很多錢先生的仰慕者和追隨者，也在民間開辦國學、經學機構，研究中國傳統文化。

我朋友的孩子，是一位五六歲的小姑娘，她可以背《禮記》的〈禮運〉篇，很厲害，她真是一字不落的背下來，背得非常流利，他們有上讀經班。我想應該是小朋友的讀經班。他們有很多

這類型的班。

而在內地，這些年發展得很快，就是國學機構突然一下子增加了很多，國學院、國學研究所、國學研究中心，這種很多，比如清華大學、北京大學有國學院，人民大學比較早就有一個實體的國學院的機構，武漢大學也是，還有很多很多。

在民間也有很多國學機構或是國學培訓中心，有的很好，但有的不太正規。所以我倒是覺得當務之急呢，不在多，而在精。不光是大陸也包括香港，要把辦這些機構認真地作為一個事業，在教育下一代、傳承中華文化上，把這個「精」給做好了，這才是最重要的；「多」反而是次要的，做精了之後自然會多。

陳：對，你說得非常對，我很贊同，就是素質問題。我們要提升素質，不是光有很多數量，不是追求甚麼樣的規模，而是內容最為重要。

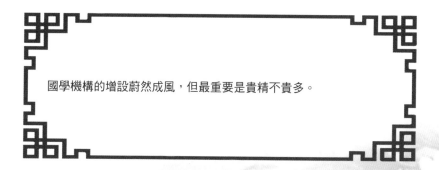

國學機構的增設蔚然成風，但最重要是貴精不貴多。

禮的核心是甚麼？
不恥下問，敏而好學

陳：陳教授，你研究《論語》多年，覺得《論語》對你的人生有甚麼啟發呢？

陳致：《論語》這部書我們都知道它是格言式的，裏面的話有很多都很精闢，你乍看的時候，啊，明白了；明白了之後，過一段時間，有了生活經歷、有了新的體驗，再去看，你會覺得真的不一樣，你確實有更深的體驗。

陳：陳教授，可不可以跟我們分享幾句《論語》的經典名句？

陳致：孔子他非常好學，敏而好學，不恥下問，在「學」這方面談得很多。我想大家都熟悉的就是「知之為知之，不知為不知，是知也」。「知」是通假字，可以通智慧的「智」。另外，跟這個相關的還有很多說法。

有一個例子：「子入太廟，每事問。」孔子到太廟，他每件事情都去問，然後旁邊就有人說了，「孰謂鄹人之子知禮乎？入太廟，每事問。」

「鄹人之子」就是孔子，因為孔子的父親叔梁紇做官做到鄹人，也就是那個地方像縣令一樣的官。「入太廟，每事問」，孔子說「是禮也」，這才是禮。不恥下問，敏而好學，在孔子看來，這才是禮。他不注重外在的東西，他注重內在的東西，像不恥下問、敏而好學那才是禮的真髓、禮的核心。

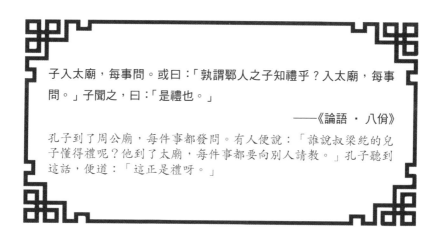

子入太廟，每事問。或曰：「孰謂鄹人之子知禮乎？入太廟，每事問。」子聞之，曰：「是禮也。」

——《論語・八佾》

孔子到了周公廟，每件事都發問。有人便說：「誰說叔梁紇的兒子懂得禮呢？他到了太廟，每件事都要向別人請教。」孔子聽到這話，便道：「這正是禮呀。」

《論語》中的「敬」：
祭神如神在

陳：陳教授，可否跟我們分享幾句《論語》的經典的名句？

陳致：「祭如在，祭神如神在。」祭如在，祭祀的時候就好像神靈在那裏一樣，意思是說祭祀祖先神靈，你必須有虔敬之心，講的是一個「敬」字。

虔敬，就是恭敬之心，心中有這個神，它就是禮。他並不是注重外在的東西，他注重內在的東西。他這個包含了很深刻的思想，所以在後世的儒者裏面，儒家學者講齋敬、講誠、講敬，劉宗周先生講敬、講誠、講慎獨，這些都是孔子思想的延續。我們之所以說他這個思想博大精深，就是因為他開啟了後人的思想空間，我想這就是他偉大的地方，直到現在還生生不息。

陳：我非常贊同的就是這麼多年以來，中華傳統文化一直到現在對我們的社會——不光是對我們的民族，就是對全世界，都是有影響的。

祭如在，祭神如神在。子曰：「吾不與祭，如不祭。」

——《論語 · 八佾》

孔子祭祀祖先的時候，便好像祖先真在那裏；祭神的時候，便好像神真在那裏。孔子說：「我若是不能親自參加祭祀，是不請別人代理的。

孔子認為不管祭鬼神或祖先，都要把他們當作在場一樣。因此他一定親自參與祭祀。儒家的基本精神是「仁」和「誠」。

《論語》對現代社會的啟示：
修身、齊家、治國、平天下

陳：陳教授，可否跟我們分享一下，在現代社會裏，《論語》帶來了甚麼樣的啟示？

陳致：我可以再引錢賓四錢穆先生的話。他引的是程頤的話，程頤就是宋代「二程」中的程伊川先生：如果讀《論語》之前你是這樣的人，讀了《論語》之後你還是這樣的人，你就沒真正讀懂《論語》。簡單說，翻譯成白話就是這意思。所以《論語》是可以改變人的，不光可以改變人還可以改變社會。

我們都知道比較有名的一句，是宋初開國宰相趙普說的，即半部《論語》治天下。當然他不可能真的僅靠半部《論語》就能夠治理天下，但是《論語》給了他很多啟發，在管理國家方面給他提供了很多思想資源。就個人來說，我們講修身、齊家、治國、平天下，這幾方面《論語》都提供了很多智慧，這對現代社會也不無裨益。

陳：現在一些外國朋友都懂得把《論語》翻譯成英文來和我們溝通。所以我覺得這是很好的，證明《論語》的內容，不僅適合我們的國情，也適合其他地方的世情。

程頤，北宋理學家，世稱伊川先生，與胞兄程顥共創「洛學」，人稱「二程」。

北宋開國宰相趙普，傑出政治家，讀書不多，小時曾讀《論語》。後來宋人重視士人，並有歧視他之嫌，故他曾戲言：「半部《論語》治天下。」可見《論語》是可以改變人、改變社會的。

《論語》在外國的研究：
國外學者的翻譯和詮釋

陳： 陳教授，《論語》在外國的研究狀況怎樣？可有甚麼新的發現？

陳致： 外國學者研究《論語》的角度也許會給我們一些啟示。比如我知道有一位學者，較早前還到我們國學院這裏來開會，他的中文名字是安樂哲（Roger T. Ames），在西方學界裏，他研究《論語》也是很出名的。他有一本書叫 *Thinking Through Confucius*，我翻譯成中文，就叫《穿越孔子》吧。另外他也翻譯了《論語》，英文書名是 *Philosophical translation of Lunyu*，哲學的翻譯，他自己對《論語》有很多詮釋，給了人們很多啟發。

還有一個比較有趣的，麻塞諸塞州有一位學者叫 Bruce Brooks，他專門寫了一本書，是講孔子、講《論語》的。他有一些全新的解釋，當然他的解釋你未必同意。我就有很多不同意，但是他的解釋很有趣，他把《論語》每一章的時代都大致考證出來，很有趣。他說他就是喜歡中國的經典，幾十年一直在研究《論語》、《孫子》這些中國的經典，而且創辦了一個很有影響的網站，叫 *Warring States Project*，叫「戰國計劃」吧，對外界影響也很人。

陳：謝謝你，陳教授。

外國不少學者都喜歡研究《論語》，《論語》的影響無遠弗屆。

《論語》在亞洲的研究：
日韓還保有我們失傳的《論語》版本

陳：陳教授，在亞洲，研究《論語》的風氣又是如何的？

陳致：日本、韓國受《論語》的影響更是不用說，很多珍貴的版本，我們這裏沒有了，但是可以從日本找回來，比如皇侃《論語義疏》，是南朝的時候，皇侃給《論語》作的注解，在宋代就失傳了，這是一本很重要的著作，但是在乾隆的時候又從日本傳回來了。這幾年在韓國還發現了寫在木簡上的唐本——唐代本子的《論語》。

陳：就是說，當年在唐代《論語》就已經傳到韓國去了。其實韓國人也深受《論語》的影響，在韓國處處可見儒家傳統思想文化的影子。

陳致：當然。他們原來所用的文字都是中文嘛。

陳：韓國現在把很多漢字都改掉了，日本還有一些用字是我們的漢字，那些字就是我們現在也看得明白。

陳致：從書寫方面解釋，因為之前他們是沒有書寫的文字的，最初是有語言沒有文字。從 6 世紀，日本的聖德太子開始接觸並崇拜唐朝中原文化，然後到 8 世紀、9 世紀的時候開始創造自己的文字。

陳：原來在亞洲地區，日本跟韓國對《論語》及中華文化有這麼深的認識，我們更加要珍惜自己珍貴的《論語》文化。

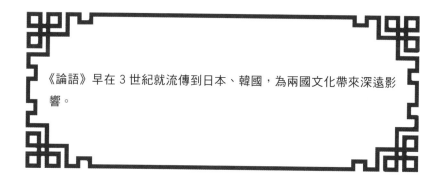

《論語》早在 3 世紀就流傳到日本、韓國，為兩國文化帶來深遠影響。

日本對《論語》的研究：
深入且角度特別

陳致：日本對《論語》的研究是很值得重視的。日本學者做研究的時候非常仔細，非常認真。比如，有一位林泰輔，他寫過《論語年譜》和其他有關《論語》的著作。這個《論語年譜》是非常特別的書，是從漢高祖那個時期，西元前 200 年左右，漢高祖第幾年，一直到民國四年，1915 年，就是把跟《論語》有關的事情、跟孔子有關的事情按年編排下來，所以這是一部具有豐富史料的著作。如果你要研究《論語》，研究孔子，特別是研究《論語》和孔子對後世的影響，可以直接參考他的資料，那非常有幫助。

還有很多學者，津田左右吉和武內義雄對《論語》的研究、對《論語》思想的研究都是比較特別的、很深入的，也是很了不起的。當然研究《論語》的現代中國學者更是非常多，而且新作不斷，也都很了不起。

就個人修身來說，因為我們講修身、齊家、治國、平天下，這幾方面《論語》都提供了很多思想資源，包括對現代社會也是這樣。好像習近平主席也是很喜歡引用《論語》來說明一些問題吧。

陳：我很同意陳教授的說法，《論語》是我們的生活智慧，不單是適合國情，世界各地很多學者對它均有研究，更是適合世情。

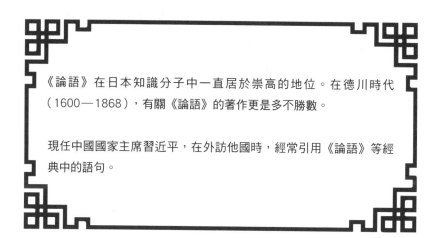

《論語》在日本知識分子中一直居於崇高的地位。在德川時代（1600—1868），有關《論語》的著作更是多不勝數。

現任中國國家主席習近平，在外訪他國時，經常引用《論語》等經典中的語句。

周國正教授

香港浸會大學文學院副院長
中國語言文學系教授
文學碩士課程主任

　　周國正教授，香港中文大學哲學碩士、加拿大英屬哥倫比亞大學博士。主要研究領域包括漢語語法、訓詁學、文字學、儒家思想及語文應用。曾任多項公職，包括課程發展議會委員（2007—2013），香港考試及評核局高級補充考試中國語文及文化科委員會主席（1998—2013）等等。2006年獲香港特別行政區政府授予榮譽勳章。

「仁」是甚麼？
「仁」就是「同理心」

陳：周教授，你對《論語》這傳統典籍有甚麼看法？

周：宋朝陸九淵曾經說過，六經皆我注腳。他的意思是六經並不是高高在上、要我們崇拜的典籍。傳統典籍所說的，其實都是我們內心根本已有的事情，只不過這些典籍把道理說出來而已。注腳就是把已知的知識條列出來，微細化，其實就是這個意思。

陳：孔子經常提倡「仁」，你又如何解讀「仁」呢？

周：「仁」究竟是甚麼呢？用現代話來說就是「同理心」。「同理心」就是對別人的苦樂有一種出自內心的自然而然的關切。孟子有一例子說得很好，假如我們見到一個小孩快掉下井，人人皆會嚇一跳。其實小孩的死活與我們一點利害關係也沒有，但是我們自然而然地不想小孩受到傷害，這就是人與人之間自然的關切。整個儒家思想，它的道德倫理都是從同理心處出發的。

陳：我很同意！惻隱之心人皆有之，其實「仁」就是人的本性，如果失去了「仁」，人生便失去意義了。

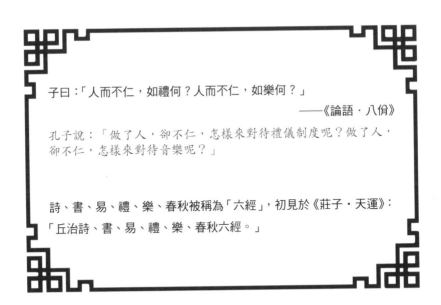

子曰：「人而不仁，如禮何？人而不仁，如樂何？」

——《論語·八佾》

孔子說：「做了人，卻不仁，怎樣來對待禮儀制度呢？做了人，卻不仁，怎樣來對待音樂呢？」

詩、書、易、禮、樂、春秋被稱為「六經」，初見於《莊子·天運》：「丘治詩、書、易、禮、樂、春秋六經。」

《論語》高深難讀？
《論語》能觸及我們的內心

陳：周教授，有些人認為《論語》高高在上，很難讀。你有甚麼看法呢？

周：六經在儒家出現前已經存在，只不過儒家……或不僅是儒家，或是其他家，也會把六經作為共同的文化財產。當儒家用上六經時，當然也從儒家角度去詮釋六經。因此我提及陸九淵的「六經皆我注腳」，應該是從這角度去理解。如果它高高在上，離我們很遠，或是一般人不能企及的話，那麼它對我們的關切性便很低了。其實它的最大價值，就是能觸及我們每一個人的內心。

陳：你教學多年，可以跟我們分享《論語》的一些句子嗎？

周：《論語》有說過，「知之者不如好之者，好之者不如樂之者」。如果一個人不享受學習過程，他不會學得好。尤其對小孩的學習而言，我認為最重要的不是要他學到甚麼具體的事，而是培養他學習新事物的興趣。如果迫逼太甚的話，使小孩害怕學習，我想是對學習最大的傷害。

陳：對，很多時學習的過程才是最重要的！如能帶著興趣來學習的話，那麼整件事便事半功倍了！

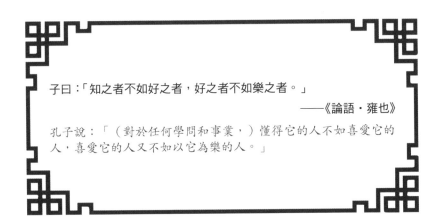

子曰：「知之者不如好之者，好之者不如樂之者。」

——《論語・雍也》

孔子說：「（對於任何學問和事業，）懂得它的人不如喜愛它的人，喜愛它的人又不如以它為樂的人。」

《論語》與猶太智慧相通：
任何人都是我們學習的對象

陳：周教授，《論語》內容句句經典，有哪一句可以跟我們分享呢？

周：從小到大我們聽過很多次，就是「三人行，必有我師焉」。想深一層，倒是代表了很高明的學習態度。這話怎麼說呢？一般人學習，都是希望向比自己更好的人學習，這想法是很正常的；但最高明的學習，是從任何人身上都學習得到東西，甚至是對不如自己的人，即及不上自己的人，也能從中學習。「三人行，必有我師焉」的意思是，無論是甚麼人，即使是不如我的，我也可以從他身上找到值得學習的地方。猶太人也曾說過，最高明的人，能夠從別人的錯誤中學習。其實背後的想法跟「三人行，必有我師焉」是很相似的。

陳：這句話之後還有兩句，你又如何解讀？

周：這兩句話之後，還有兩句比較仔細的說明，「擇其善者而從之，其不善者而改之」，就是說好的東西我們應該學習，不好的呢，就是前車之鑑，我也不會重蹈覆徹。

陳：對，周教授，任何人都是我們學習的對象。

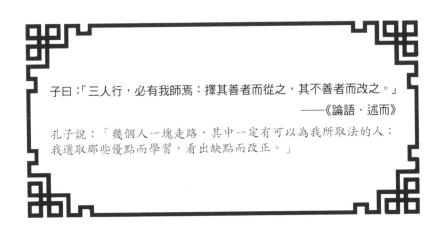

子曰：「三人行，必有我師焉：擇其善者而從之，其不善者而改之。」
——《論語‧述而》

孔子說：「幾個人一塊走路，其中一定有可以為我所取法的人：我選取那些優點而學習，看出缺點而改正。」

費樂仁教授（Lauren F. PFISTER）

香港浸會大學宗教及哲學系教授

　　費樂仁教授，祖籍瑞士，出生於美國，現為香港浸會大學宗教及
哲學系教授，專研中國哲學史、19世紀歐洲漢學、中國基督教史、跨
文化詮釋學等等。1987年來港，留港逾二十多年，能說流利的英語、
粵語、普通話、西班牙語及德語，亦精通其他多國語言包括法文、菲
律賓文、日文、古希臘文、希伯來文等等。

外國學者如何看待中華經典？
中國古籍已被翻譯成多種文字

陳：我們母校的饒宗頤國學院，藏書豐富，費樂仁教授會帶我們去看一個大寶藏！

費：這裏是國學院的小型圖書館，也是浸會大學一個寶貴的特產，因為這裏有很多中國的古籍，被翻譯成不同的文字，已有三十四種。除了中文外，還有三十多種文字⋯⋯也包括百科全書，還有這本講中國精神文化的大字典，由一百九十五位俄羅斯的漢學家編寫，很厲害的字典！

陳：我見到有《道德經》啊！還有很多中國的傳統文學⋯⋯這都翻譯成俄羅斯文！

費：這邊廂全都是韓文，日文版就在那邊。我們還有法文版，法文版有非常多的譯本！

陳：這是法文跟拉丁文翻譯成的《詩經》！

費：還有這一堆，是從澳門、葡萄牙來的，是一個耶穌會的

人，用九年時間翻譯出全部的四書五經！

陳：就是這本《四書五經》！

費：對。還有這些匈牙利文、泰文、希伯來文的翻譯本。

陳：有《孟子》、《大學》！

費：還有希臘文等等！

陳：猜不到那麼多外國翻譯本！就是說外國學者對我們中華傳統文化都是尊重的，覺得很寶貴！

費：有時侯我們會對自己的文化有偏見，所以我們也很需要聽取其他人的意見。

陳：對，集思廣益！

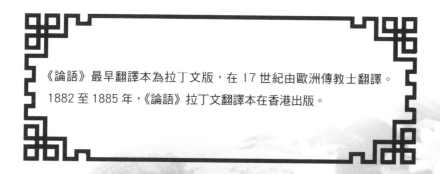

《論語》最早翻譯本為拉丁文版，在 17 世紀由歐洲傳教士翻譯。
1882 至 1885 年，《論語》拉丁文翻譯本在香港出版。

現代人追求知識不過是在追求自己：
好之者不如樂之者

陳：費樂仁教授是我母校的宗教系及哲學系的教授！

費：你知道我的名字叫費樂仁，這是我一位同學給我改的。讀書時他知道我喜歡儒家思想，便向我說：「你記得《論語》中提出『知（智）者樂水，仁者樂山』嗎？」就這樣我的中文名字便改作「樂仁」。孔子說「知（智）者動，仁者靜」，從這方面來說，我認為哲學不只是分析、思考，不只是批判性的思考，而且還是追求智慧。

孔子說，知（智）者，「知之者」，是有知識的，okay 啦；但是不如「好之者」，「好之者不如樂之者」。可是在忙忙碌碌的香港社會，未必人人都有喜樂。他們很忙，跟家人像是沒有關係似的，他們的生活全都是工作，工作等同生命，生命等同工作。這是很愚昧的。我們很容易變成很愚昧的人，沒有覺知力。因為我們追求甚麼？只是追求自己！奇怪的是，現在的大學教育，卻有很多人說，我們是追求知識！但是孔子說，「知之者不如好之者」、「不如樂之者」。我相信這是很有智慧的。

陳：所以我覺得我們今後應該要多閱讀《論語》，成為一位樂之者！

《論語》對現今社會有何啟示？
了解人生最基本和最重要的

陳：費教授，你認為《論語》對現今 21 世紀的社會帶來了怎樣的啟示？

費：孔子所處的時代已經是兩千五百年前，所以對婦女、奴隸的想法比較有限，並不是很開放，並沒有給他們機會，也許認為他們沒有所謂的文化。現在我們有更多的自由，我們會討論人權，但那時候沒有這方面的思想。

不過關於現今，「貪心」是每一個文化都知道的 —— 會引致腐敗。這使我們去想，我們心裏面到底要的是甚麼？要分析甚麼是喜歡、甚麼是不重要。

《論語》裏「仁義」的概念，是一個關心和尊重對方的概念。從這價值來看我們的心，分析我們的需要，理解甚麼是人生最基本和最重要的，我認為很有意義。我相信每一個時代、每一個文明，如果是有智慧的話，會肯定這些價值。孔子及他的門徒在《論語》中能夠提出這樣的問題，表明他們是非常有智慧的。

陳：《論語》在兩千多年前提出的這種精神文明，的確是歷久不衰！

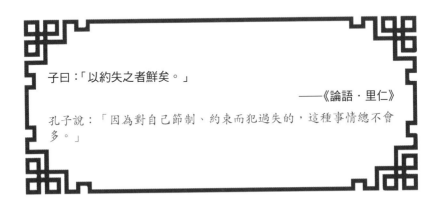

子曰：「以約失之者鮮矣。」

——《論語·里仁》

孔子說：「因為對自己節制、約束而犯過失的，這種事情總不會多。」

孔子也有宗教精神嗎？
畏天命，畏大人，畏聖人之言

陳： 費樂仁教授，是我母校宗教及哲學系的教授。費教授，你是研究宗教和哲學方面的專家，你也研究《論語》，你對《論語》有甚麼看法？

費： 很多人未必知道，但事實上孔子也有宗教精神。你知道他說十五歲開始讀書，三十歲而立，四十歲而不惑。但是五十歲是甚麼？知天命。

顏淵是他最愛的門徒，顏淵去世時，他說「天喪予」，他是不是責怪天呢？不是，他真是說，「天，為何，為何你把最好的學生從我身邊帶走？」

《論語‧季氏》有說，「君子有三畏」。甚麼三畏？就是畏天命，畏大人，畏聖人之言。包括聖人之言，包括天。他也提出，「敬鬼神而遠之」。但是問題是，他面對生命中不同的兩難，在那段時間，他倚靠天和天命，來進一步發現他生命的意義。

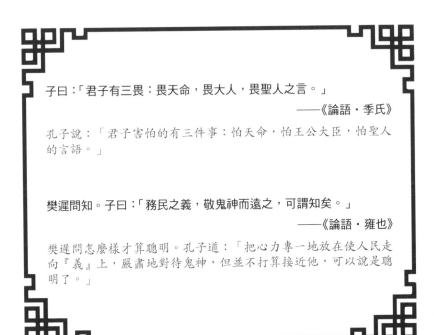

子曰：「君子有三畏：畏天命，畏大人，畏聖人之言。」

——《論語·季氏》

孔子說：「君子害怕的有三件事：怕天命，怕王公大臣，怕聖人的言語。」

樊遲問知。子曰：「務民之義，敬鬼神而遠之，可謂知矣。」

——《論語·雍也》

樊遲問怎麼樣才算聰明。孔子道：「把心力專一地放在使人民走向『義』上，嚴肅地對待鬼神，但並不打算接近他，可以說是聰明了。」

《論語》中有現代普世價值觀嗎？
腐敗的人是「小人儒」

陳：費教授，我們剛才提及普世價值觀。你認為《論語》中可有這些普世價值觀？

費：只是有些而已！也是有的，例如很聰明的人，但是很惡。這話怎樣說呢？子夏加入「政府」，他向領導者說，你要成為「君子儒」，不要成為「小人儒」。假如你是政府最高層，但是不愛人民，只愛自己，自我主義，不想有公正，只是想向上發展……這些事人民可以感覺得到的。人民會想：這個人是否真的關心我們呢？所以這些領導人是小人儒。

腐敗的人是「小人儒」。「儒」是甚麼意思？他們可能地位比較高，不是說他們沒有文化，相反他們很聰明，可是惡。

陳：未必是君子！

費：未必有道德！

好的領導是怎樣的？是僕人的領導。如果你真是他們的父母，他

們是你的僕人，他們會依靠你。

陳： 正如我們中國人也說「父母官」。我認為「官」不只是政府，其實任何行業、機構的領導，如果他們都能善待身邊的人，例如對替他們工作的人，能善待如子女一樣，這些領導也就好像他們的父母一樣了。

費： 對，從仁政……

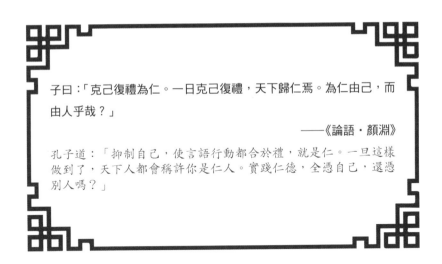

子曰：「克己復禮為仁。一日克己復禮，天下歸仁焉。為仁由己，而由人乎哉？」

——《論語・顏淵》

孔子道：「抑制自己，使言語行動都合於禮，就是仁。一旦這樣做到了，天下人都會稱許你是仁人。實踐仁德，全憑自己，還憑別人嗎？」

東西方智慧有優劣之分嗎？
《聖經》真理與《論語》人生智慧有共通處

陳：費教授，《論語》內容涉及多個範疇，你又最欣賞它哪些部分呢？

費：《論語》涉及倫理、政治、智慧，也有文學，我最喜歡的是關於智慧、關於生命和人生的智慧。《論語》跟《聖經》很久以前的箴言很相似，一個是距基督時代一千年之前，另一個是距基督時代五百年之前。但你可以發現，《聖經》的真理與《論語》的人生智慧有很多共同的地方。

陳：所以恰恰相反，不單不會有矛盾，東方跟西方的智慧，反而有很多共通點。

費：中國不是只得一個文化，平常我們說儒、釋、道，也有法家、墨子，還有很多……

陳：其實大家有不同的演繹方法。

費：所以文化是複雜的！文明不是一件事，但是「人」是一致

的，我們都是人。希臘文的 Sophia，是指智慧，實踐的智慧，不是思想的智慧；思想的智慧是 Theoria，理論式的智慧，所以你由此聽到的是理論，但是 philosophia 就是知道怎樣活出一個有意義的實踐的智慧。我相信孔子的仁、義、信、孝、智，都跟實踐生活有一致的關係。

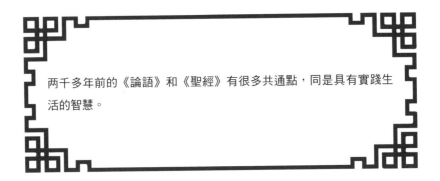

兩千多年前的《論語》和《聖經》有很多共通點，同是具有實踐生活的智慧。

陳美齡教授

香港浸會大學傳理系客席教授

　　陳美齡生於香港，現居日本東京。香港著名歌手，初中時她以清澈亮麗的歌聲走紅香港、東南亞。1972 年赴日發展，得到日本唱片大獎新人獎，成為風靡一時的人氣偶像。在日本，她考入上智大學國際學系，後赴加拿大多倫多大學修讀社會兒童心理學。1985 年首次在中國內地開演唱會，於北京首都體育館為宋慶齡基金會義演，吸引五萬四千名聽眾。1985 年為日本電視台做慈善節目，遠赴非洲埃塞俄比亞拍攝當地兒童受饑荒威脅的情景，積極參與慈善活動。1986 年，她和日籍經理人金子力結婚，並先後誕下三個兒子。1989 年在美國史丹福大學修讀教育系博士課程，她以調查日本東京大學和史丹福大學畢業生十年後的情況、日美兩國男女待遇的差異為題，獲得教育學博士學位。現為作家、大學教授、日本聯合國國際兒童緊急基金協會大使、聯合國親善大使。

《論語》與公益、慈善：
「仁愛」就是我們要愛人

陳： Agnes，早在很多年以前，你已遠赴非洲的埃塞俄比亞採訪。自文明先進的地方，到了一個十分落後的地方，對你有甚麼啟發？

美齡： 我第一次去非洲是 1985 年，那一次是跟日本電視台一個慈善節目《24 小時》去，那是一個籌款節目，我要做總司儀。那時候的埃塞俄比亞發生饑荒，死了很多成人和兒童，於是我要求親身飛過去參與活動。電視台的人很驚訝，不讓我過去，不想我有生命危險。但我說我的生命由我負責，如果我不親身過去，我不做這節目啦！後來去到非洲，見到的景況真的很悽慘，那些兒童一個一個在我眼前或是病死或是餓死，這些經歷使我的人生觀完全改變。

陳： 對你有甚麼衝擊或啟發？

美齡： 我們在同一個地球生活，只是我們沒有選擇在那裏出生，而他們就要承受和面對這些苦難！但這個問題是解決不了的，即使我很努力為他們籌款。這世上有很多問題、難題，但是我們就是解決不了！不過即使如此，我也盡量做好自己的本分。

我漸漸吃不下飯，因為太多人在捱餓，而我卻在吃……後來有一位護士跟我說，如果你不吃東西，病倒了，我就要照顧你，我已經夠忙了！哪有時間照顧你？你還是吃飯吧！我告訴她我真的吃不下，後來她又說，你來這裏的目的是甚麼？就是要你幫忙籌款啊，如果你想救救這裏的兒童，你得盡你的能力去做。她的話真的改變了我的想法，我們應該要身體力行，盡量去做，救得一個便是一個。由那時候開始，我便很熱心地做義工了。

我們也有一句話，「己所不欲，勿施於人」，但也可掉轉來說，你自己有的，也想人家有。我們不能百分百的給予，也不能創造奇跡，但可以盡量做，做得幾多得幾多，所以我也一直擔任聯合國親善大使。

陳：《論語》經常提及的，也是其核心價值，就是「仁愛」，我們要愛人。

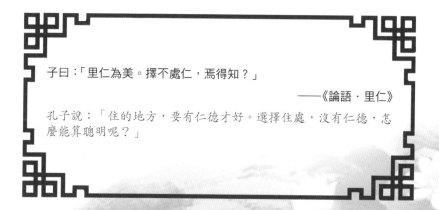

子曰：「里仁為美。擇不處仁，焉得知？」

——《論語．里仁》

孔子說：「住的地方，要有仁德才好。選擇住處，沒有仁德，怎麼能算聰明呢？」

如何教導孩子？
要讓年輕人覺得自己有價值

陳： Agnes，你有很豐富的人生經驗，也有很豐富的學習過程。你又是如何教導兒子呢？你對他們可有甚麼要求？

美齡： 在我教導兒子這方面嘛，有一點頗有趣，他們都知道自己是有價值的人。這價值不是人家給你的，而是當你有生命，你便是一個有價值的人，你有人權，有權利生活；當你知道自己是一個有價值的人，你也會知道和欣賞人家的價值，我認為這很重要。此外，我也教導他們必須要有自信心，即使人家不斷批評你，只要你清楚自己，問心無愧，做的事情自然有價值。現在的小孩之間競爭很大，他們會因為很多原因，例如考不上心儀的學校、會考不夠高分，或是考不上大學等等，認為自己不中用。我認為這些都是不要緊的，不一定要上一流大學，不一定要考試一百分，只要年輕人覺得自己有價值，在世上是有貢獻的，做甚麼事情都好，我做媽媽的都會覺得高興。這是我教導兒子最基本的要求。

不過談到如何教導小孩，你知道我是修讀兒童心理學的，博士也是讀的教育學方面，所以我有一些心得，教導他們如何考取好成績、愛上閱讀、提高注意力，或是發表意見等等，但都是從細微

事情入手。最近我的小兒子也考上了史丹福大學，日本人都很驚訝我三個兒子都入讀史丹福大學，我也寫了一本關於這方面的書，現在很受歡迎呢！

陳：我相信香港人也想看啊。

美齡：現在翻譯中，或者也會在香港發表！但是有時父母太努力，也可能會給小孩壓力！所以我經常跟他們說，你的人生是你的人生，人家的人生是人家的人生，不需要比較。你要與人比高嗎？總有人比你高，也有人比你低，所以你要有你自己的重心，你要相信自己。你一定有你的位置，只是找到與否。即使有人向你說，你的職業低微，但是不要緊，你做得開心便可。有句話也說：「知之者不如好之者，好之者不如樂之者。」只要你快樂，你所做的事自然便有價值。

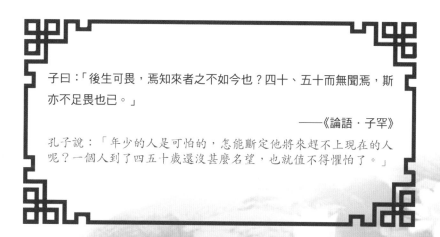

子曰：「後生可畏，焉知來者之不如今也？四十、五十而無聞焉，斯亦不足畏也已。」

——《論語·子罕》

孔子說：「年少的人是可怕的，怎能斷定他將來趕不上現在的人呢？一個人到了四五十歲還沒甚麼名望，也就值不得懼怕了。」

如何鼓勵年輕人？
年輕人要有追求夢想的勇氣

陳：可否為我們說一些勉勵年輕人的話？

美齡：我認為年輕人要相信自己。我認為教育的最早和最終目標 —— 就是要教育小孩去達成他們的夢想。我們要做的就是把那些門、窗打開，讓他們看見世界是何等的大，讓他們知道世界有很多的可能性，當他們知道後便可以找尋他們的夢想和目標。教育就是給他們知識，給他們工具，讓他們達到目標。當他們開始實踐夢想時，也許會徬徨，但是教育可以帶給他們勇氣，教他們走下去，追尋他們的夢想、目標。不過許多時走到中途會遇上挫折，會跌倒；而教育就是教導他們要有能力、有堅毅不屈的心再站起來，繼續向前行，不怕失敗。待成功了 —— 不一定都會成功，但總也會有人成功 —— 教育就是教導我們要謙虛，不會到處招搖，教我們學會如何與人分享成果。為人師表的我 —— 至少我的目標是如此 —— 就是要教導他們：夢想愈大愈好；而且要開心和有勇氣。我希望年輕人追求夢想時，不要只顧追隨父母或是老師給他們的夢想，最好是我們想像不到的夢想！

陳：你說得很好！我們《論語》就是有這一句：「知者不惑，仁者不憂，勇者不懼。」也就是你剛才所言了。

美齡：對，中國這種傳統的思想跟現代歐美的想法，其實都是一樣！

陳：對，價值觀都十分近似。

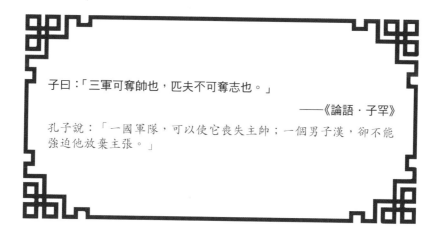

子曰：「三軍可奪帥也，匹夫不可奪志也。」

——《論語・子罕》

孔子說：「一國軍隊，可以使它喪失主帥；一個男子漢，卻不能強迫他放棄主張。」

魏寧博士（Nicholas Morrow WILLIAMS）
香港浸會大學饒宗頤國學院助理教授

　　魏寧博士，美國人，美國華盛頓大學中國文學碩士及博士、哈佛大學數學系學士。2010年來港，香港浸會大學饒宗頤國學院研究員，專研中國中古文學。能說流利英語、普通話、日語。

《論語》與西方的文化：
《論語》與西方哲學有很多相似之處

陳： 魏博士，我知道你雖然是研究唐詩的，可是你對《論語》也非常熟悉。你認為《論語》跟西方的文化有甚麼相同或是不同的地方呢？

魏： 西方一些傳教士看到《論語》時也很驚訝，他們發現跟西方的哲學很相似。他們把孔子跟歐洲古代一些哲學家相提並論，發現孔子跟希臘的亞里士多德有很多相似的地方，就是都很重視一些道德觀念。但當然也有不一樣的地方，例如《論語》特別重視家庭倫理；而古代歐洲的思想，比較重視個人主義，或是整體社會的利益。但孔子注意到這兩個層次之間的家庭層次，而家庭層次也非常重要。

我認為《論語》可以給現在香港和內地很多啟發。中國人非常重視家庭倫理，但《論語》中也主張「四海之內，皆兄弟也」。就是說，我們先要管好自己的家庭，最後我們最高的理想是其他人。對我們家庭以外的人，也把他們看成好像兄弟一樣親密的人。

陳： 如果你跟家人關係和諧，推己及人，正如魏博士所言，四海之內皆兄弟，所有家人以外的人你也當作家人般看待，那麼大家便會有一個和諧的社會，天下太平了。

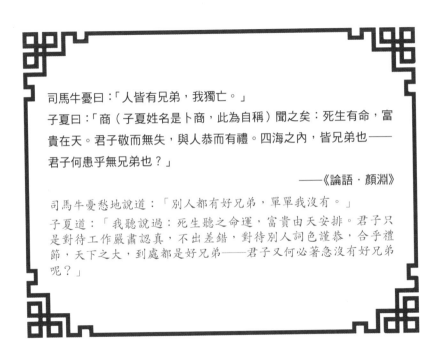

司馬牛憂曰：「人皆有兄弟，我獨亡。」

子夏曰：「商（子夏姓名是卜商，此為自稱）聞之矣：死生有命，富貴在天。君子敬而無失，與人恭而有禮。四海之內，皆兄弟也——君子何患乎無兄弟也？」

——《論語·顏淵》

司馬牛憂愁地說道：「別人都有好兄弟，單單我沒有。」

子夏道：「我聽說過：死生聽之命運，富貴由天安排。君子只是對待工作嚴肅認真，不出差錯，對待別人詞色謹恭，合乎禮節，天下之大，到處都是好兄弟——君子又何必著急沒有好兄弟呢？」

賀旦思博士（Dimitri DRETTAS）

香港浸會大學饒宗頤國學院研究員

　　賀旦思博士，法國人，2013 年來港，香港浸會大學饒宗頤國學院研究員。自小喜愛中國文化，專研中國古代占卜學、中國思想史與文獻學。懂多國語言，包括法文、希臘文、英文、德文、意大利文和中文。

占卜和《論語》有甚麼關係嗎？
孔子崇拜占夢的周公

陳：賀旦思博士是饒宗頤國學院的研究員。賀博士，我知道你對我們中國文化很有興趣，也是研究中國占卜的專家。你認為占卜和《論語》有甚麼關係呢？

賀：我是先研究中國的思想史，所以看了很多經書，後來才決定專門研究中國的占卜。更詳細地講，是中國占卜裏的占夢，我對夢這個現象非常感興趣。在《論語》裏便有一句：「甚矣吾衰也！久矣吾不復夢見周公！」這幾句話非常有意思，為甚麼？「夢」這個字，在《論語》裏只出現過一次，就是在這裏。

我發現原來一般學人都會反對占夢傳統，可是同時，也因為《論語》裏有這句話，所以他們不得不探討「夢」。我認為大概可以這樣解釋，可以更廣泛來說《論語》跟占夢的關係。

我為甚麼認為《論語》中這幾句話很重要呢？周公是解夢書的作者，有些文人認為某些書只是託名周公，不是周公寫的。但周公對占卜的解釋有很多種類，也包括了占夢。周公對孔子來說是一個模範，也是一個完美的君子、高雅的統治者等等。因此，《論

語‧述而》裏這句話，對於周公這個人士、對於占卜傳統也是非常重要的。

陳：賀博士的話使我很感動！他作為一位外國的學者，對《論語》和占卜方面有這樣深入的研究和體驗，我們作為中華民族的一分子，更應該珍惜自己的文化了。

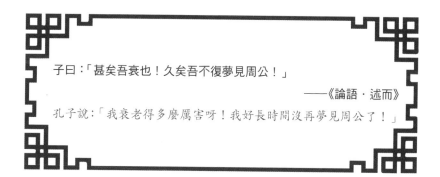

子曰：「甚矣吾衰也！久矣吾不復夢見周公！」

——《論語‧述而》

孔子說：「我衰老得多麼厲害呀！我好長時間沒再夢見周公了！」

《論語》的現代性：
兩千多年前孔子即提倡平等和仁愛

陳：賀博士，可以跟我們分享一下《論語》的幾句話嗎？

賀：《論語》中有一條非常短的、四個字的話，今天已經是成語了。子曰：「有教無類。」就是說作為老師，不要分別學生的類型，要平等對待學生。當然「因材施教」也很重要，我們必須考慮到每個學生的才能。我比較講究人道主義，我認為《論語》裏的仁德，對全世界人類的思想都有非常大的貢獻。

另外一句話是子夏對司馬牛說的，「四海之內，皆兄弟也」。不管你跟別人是不是親屬，不管你跟別人有沒有真正的兄弟關係，在世界上，也可以是「皆兄弟」。你可以將四海之內所有人都當作你的兄弟。

陳：對，他提到「四海之內，皆兄弟」以及「有教無類」。其實在這兩段話裏，我們可以看到，在很多年前，孔子已經在提倡平等和仁愛了。

子曰：「有教無類。」

——《論語·衛靈公》

孔子說：「人人我都教育，沒有（貧富、地域等等）區別。」

費安德博士（Andrej FECH）

德國圖賓根大學漢學系研究員

　　費安德博士，俄羅斯人，德國圖賓根大學漢學系博士。2012年來港，專研道家哲學早期發展，及中國最近四十年被發現的新文獻思想。

《論語》與西方文化的相通之處：
《論語》也探討人生價值

陳：費博士，你來自俄羅斯，你認為《論語》跟西方文化有甚麼相通或不同的地方嗎？

費：西方文化這個範疇非常廣泛。例如蘇格拉底，他是古希臘人，跟孔子是同時代的人，可是他們的思想卻是一致的。不論是蘇格拉底、康德倫理哲學，或是托爾斯泰小說，我認為跟《論語》相同之處都有很多。

托爾斯泰一直試圖在宗教之外、在所有迷信及神秘主義之外，尋找人生的價值和尊嚴。我認為《論語》也是在探討人生的價值，其重要性也在這裏。

陳：你覺得《論語》在 21 世紀裏，對我們現今的社會有甚麼啟示呢？

費：在現在的社會中，我們可以看到，各種不同的種族之間、各種不同宗教學派之間都有衝突，人類都要面對挑戰，我相信在這種情況下，《論語》可以提醒我們，做甚麼事都不要走極端，

一個國家無論執行哪一種政策，實行哪一類政治體制，都要把人和人的尊嚴放在重要的位置上。每一個人，他的個人修養，以及與其他人之間的關係，都是生活中最重要的一個部分，我想這就是《論語》裏面最重要的思想。

陳： 我個人的看法是，《論語》的中心思想是以人為本，並且由此達到「仁」、仁愛和仁慈。

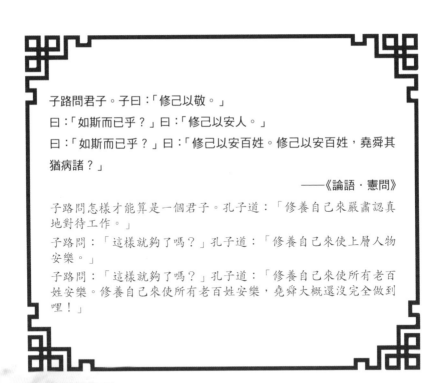

子路問君子。子曰：「修己以敬。」

曰：「如斯而已乎？」曰：「修己以安人。」

曰：「如斯而已乎？」曰：「修己以安百姓。修己以安百姓，堯舜其猶病諸？」

——《論語・憲問》

子路問怎樣才能算是一個君子。孔子道：「修養自己來嚴肅認真地對待工作。」

子路問：「這樣就夠了嗎？」孔子道：「修養自己來使上層人物安樂。」

子路問：「這樣就夠了嗎？」孔子道：「修養自己來使所有老百姓安樂。修養自己來使所有老百姓安樂，堯舜大概還沒完全做到哩！」

甚麼書最能代表孔子思想？
《論語》是研究孔子思想最可靠的典籍

陳：費安德博士是研究漢學的專家，主要研究道家。我很有興趣，因為他住在俄羅斯，為甚麼會來到香港研究《論語》？費博士，你為甚麼有興趣研究《論語》？

費：我對《論語》產生興趣始於我看了托爾斯泰的作品。托爾斯泰曾經是我非常崇拜的一個人物。他的小說談了很多不同宗教信徒之間的糾紛。無論是猶太人、基督徒還是穆斯林，他們都取笑對方，覺得只有自己的宗教才是對的，只有自己的宗教才代表神的意志，只有自己的信仰才能拯救全人類。這樣他們吵得愈來愈厲害，到了快動手的時候，一位儒家學者站出來，給大家說儒家對人生、對鬼神、對上天的看法。他的話使所有人安靜下來，也促使他們理解到自己觀點的不足之處。由那時候開始，我便對儒家學說產生了興趣。我想找能代表孔子思想的一本書，也因此開始閱讀《論語》。《論語》是最直接也是最可靠的對孔子思想的一種撰述。

陳：《論語》對人生尊嚴的定義及道德規範的標準，都對我們有很深遠的影響。它在很多年前已被提出，但是直到現在，我們在日常生活裏仍能予以應用。

陳顯哲博士

香港浸會大學中文系博士

　　陳顯哲博士，台灣人，2012年來港。香港浸會大學中文系博士，饒宗頤國學院研究助理，專研中國經學及中國學術史。

孔子對傳統文化的信心：
在功利社會更需要堅持理想

陳：今次請來的陳顯哲同學，是台灣人，也是香港浸會大學饒宗頤國學院的研究生。陳同學，可否分享《論語》裏的一些句子？

顯哲：我最喜歡的就是「子畏於匡」！「子畏於匡。曰：『文王既沒，文不在茲乎？天之將喪斯文也，後死者不得與於斯文也；天之未喪斯文也，匡人其如予何？』」它提到孔子在匡地被圍，遭到為難，孔子豪語：「文王既沒，文不在茲乎？」文王死了，他的文化遺產能夠不在我身上嗎？他的意思就是說，如果今天老天爺要把這傳統文化滅絕的話，後來的人，他們就看不到這些東西；如果老天爺沒有打算把這傳統文化滅絕的話，那這些為害我的匡地人，你們又能把我怎麼樣？

我特別喜歡這句話，因為這體現了孔子的勇氣，體現了他對傳統文化的那份信心。這句話今天仍非常有價值。中文系在我們看來像是不那麼現實的學系，但是我們有信心，我們傳播的是傳統文化，是很有價值的。我希望把這份優秀的財產留下來給後代。

他也提醒了我們現代人，也不能凡事都從功利的角度去看。我們香港也好，台灣也好，內地也好，好像現在都變得很功利。在功利的社會，我認為我們更需要對理想的堅持。

陳：孔子堅持的無價精神，在物質主義或是功利的社會裏，這些精神不是任何物質可以代替的！

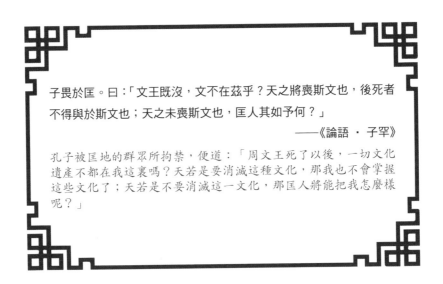

子畏於匡。曰：「文王既沒，文不在茲乎？天之將喪斯文也，後死者不得與於斯文也；天之未喪斯文也，匡人其如予何？」

——《論語 · 子罕》

孔子被匡地的群眾所拘禁，便道：「周文王死了以後，一切文化遺產不都在我這裏嗎？天若是要消滅這種文化，那我也不會掌握這些文化了；天若是不要消滅這一文化，那匡人將能把我怎麼樣呢？」

為甚麼要學習《論語》？
《論語》可以解決我們人生的問題

陳：陳顥哲同學，為甚麼有興趣研究《論語》呢？

顥哲：我來自台灣，在台灣的中學教育裏，我們早就接觸到一些中國文化教材，有《論語》《孟子》《大學》《中庸》，即所謂經書的「四書」部分。我在初中時，已非常驚訝，為甚麼一個兩千多年前的人，他講出來的話剛好可解決我當時生命的難題。在那樣的環境下，我開始對孔子這個人感興趣，就開始學習《論語》，後來選擇了中國經學作為我主要的研究對象。在這方面也是台灣教育在傳統文化背景下的一個延續吧。我們年輕一代可以從傳統文化上得到相應的養分，並以此解決我們人生的問題。

陳：可否跟我們分享一下，讀了《論語》後對你有甚麼啟發呢？

顥哲：「學而優則仕」，讀了書就要有所「作用」，但我那時候在想：知識是否一定要用來賺錢呢？我可否只是堅持對知識的興趣，或是對理想的堅持而讀書？當然一個小孩子這樣想，會讓人覺得奇怪，但我在《論語》裏找到一個相對應的解答。我看到

孔子對理想、對文化的堅持，以及對知識的熱愛。孔子在我求學的路途中，一直支持我，使我願意持續不斷在中文系這個領域發展，願意去接受傳統文化。

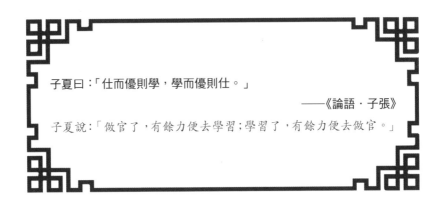

子夏曰：「仕而優則學，學而優則仕。」

——《論語·子張》

子夏說：「做官了，有餘力便去學習；學習了，有餘力便去做官。」

為何要重拾傳統文化？
摻雜了西方文明的中華文化被我們忽略了

陳：台灣一直對我們中華傳統文化有傳承，而香港，我們常常說是中西文化交流的地方。你為何不在台灣繼續攻讀博士學位而選擇來到香港呢？

顯哲：在讀書的過程中，我曾經非常崇拜一位學者，就是錢賓四先生，以及後來在中國哲學或中國思想這個領域影響我的牟宗三先生。這兩位先生其實都在香港待過非常長的時間，這兩位大師在香港，看到的是甚麼樣的情況？他們在香港遺留下來的是甚麼樣的文化遺產？我非常希望能來到香港，看看這兩位大師留下來的文化遺產，這當然是個人的原因。

在客觀的原因上，您也說到了，香港是一個中西文化薈萃、交流的地方。我們常說「讀萬卷書行萬里路」，所以我也想來香港，看看在中西文化的衝擊下，我們的華夏文明會在這塊土地上變成甚麼樣子。

當然在這裏我也觀察到，中華文明跟現代文化交匯之後，表現在建築上，各種藝術上——影像藝術、音樂藝術，包括粵劇。建

築的更是不用說，我們在這裏常常可以看到中西合璧的建築，所以這也是我覺得在香港，其實有很多東西值得我們去發掘，很多東西是中華文化留下來的，只是我們摻雜了西方的文明，忽略了。

陳：我們可以重拾這些寶貴的傳統文化。

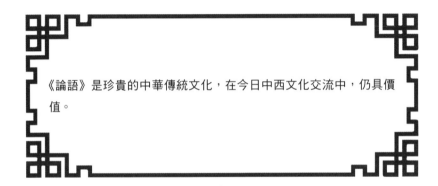

《論語》是珍貴的中華傳統文化，在今日中西文化交流中，仍具價值。

程羽黑博士
香港浸會大學饒宗頤國學院副研究員

　　程羽黑博士，復旦大學中文系博士，香港浸會大學饒宗頤國學院
副研究員，主要研究領域包括語言學與文獻學。少時隨父母於日本生
活，十歲回國才學習中文。十四歲時曾出版《天為神州降此童 ——
黑黑癸未詩詞存稿》，有「中國古典詩詞界神童」之稱。

小孩子也看得懂《論語》嗎？
《論語》的思想力量可以穿透文字

陳：我手上有一本是程羽黑博士送給我的詩集，封面是他十四歲時候影的照片。他十四歲便出版了這樣的詩集，很厲害！我想請教程博士，為甚麼你會有這樣好的中文造詣？

程：是這樣的，因為我小時候是在日本長大，十歲才回到中國，那個時候我一句中文都不懂，很多東西都看不懂。回去後便深入地閱讀中國古代的書，因為從小生活在日語環境裏，我可能會注意到一些從小學習中文的人不會注意到的東西。我很深入地學習，結果可能跟其他人入門的途徑不同，所以達到的效果也有點不一樣。

陳：你小時候第一次接觸《論語》也是在日本嗎？

程：對，因為那時候我父母工作比較忙，小學又很早放學，兩點就放學，然後我就被託管到日本的學童俱樂部，那裏有個很大的圖書館，有很多書。既有漫畫這些小孩子看的書，也有一些中國古代經典的日文翻譯本，然後我就在那裏看了《論語》。當時已覺得這本書非常雋永，每個句子都寫得很雋永，雖然是日文，

但是這個思想的力量可以穿透文字。

陳：你在日本的時候，小孩子都有很多機會接觸到《論語》嗎？

程：是。日本人對中國的古典文化是非常重視的。

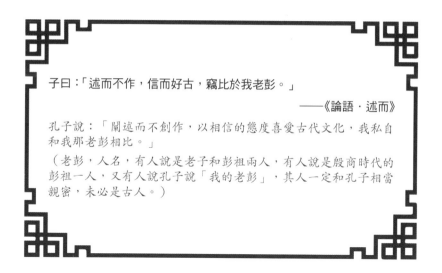

子曰：「述而不作，信而好古，竊比於我老彭。」

——《論語・述而》

孔子說：「闡述而不創作，以相信的態度喜愛古代文化，我私自和我那老彭相比。」

（老彭，人名，有人說是老子和彭祖兩人，有人說是殷商時代的彭祖一人，又有人說孔子說「我的老彭」，其人一定和孔子相當親密，未必是古人。）

《論語》在日本的傳承：
日本人用各種措施鼓勵大家學習中華經典

陳：日本的小孩，他們的父母、長輩是否也非常鼓勵他們去讀《論語》呢？

程：是的。他們很早就把中國的古典文學翻譯成日文讓大家學習。現在呢，他們的政府也提倡學習中國的古典，汲取其中的精華，小學裏也開辦中國古典的課，此外像文部省甚至還有設中國漢詩獎，如果你寫漢語舊體詩的話，它們會給你獎學金，有各種各樣的措施鼓勵大家學中國古典（文化）。

陳：那很好！《論語》也是其中一種嗎？

程：對，雖然《論語》只是其中一種，但卻是最重要的一種。

中國古代最重要的一本解釋《論語》的書，是六朝時候梁代皇侃寫的《論語義疏》，這書在中國已經失傳，但是在日本竟然還保留著。到了清代的時候又從日本傳回來，震動了當時中國的學術界：中國歷史上最重要的一本解釋《論語》的書在中國沒有了，結果又從日本傳回來了。這個例子，可見《論語》在日本的傳承

是何等深遠。

陳：難怪我們有時說日本人都很自律。有些人去日本旅遊，發現日本人很有禮貌，也比較遵守秩序。也許因為他們受到了中華文化的深遠影響。

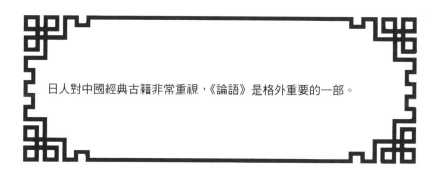

日人對中國經典古籍非常重視，《論語》是格外重要的一部。

《論語》的最高理想是甚麼？
和為貴也即多元化的和平共處

陳：程博士，你研究《論語》這麼多年了，你覺得對你的人生有甚麼啟示呢？

程：我覺得孔子的一個核心思想是「己所不欲，勿施於人」，就是對跟自己不同的人和不同觀點的人有一種包容，用現代話來說就是多元性的包容。《論語》中最高的理想就是「和」。《論語》有說：「禮之用，和為貴。」有時候二人吵架，我們會試圖去分辨誰對誰錯，但是按照《論語》的說法，吵架這件事情本身就是錯的，最重要的就是「和」，這對我來說是一個很大的啟發。就是對跟自己不同的人也要表示尊重，多元化的和平共處是最高的真理。我是這樣想的。

《論語》提倡對多元價值的包容。現在的社會恰恰是一個多元化的社會，你如何看待跟自己不同的觀點？有些人很極端，一定要他人同意自己的觀點，甚至用到暴力手段。但是《論語》提點我們，每個人都無權去強迫他人接受自己的觀點，即使要他人接受你的觀點，也得人家心甘情願才行。從這一點來說，我認為對現代社會的最大啟發就是，我們怎麼樣處理和自己不同的觀點？我

覺得這是很重要的一點。

陳：謝謝你，程博士。我也很同意程博士的看法，現今社會多元化，大家都有不同的聲音、不同的立場，我們真的要如《論語》所說，多點包容。

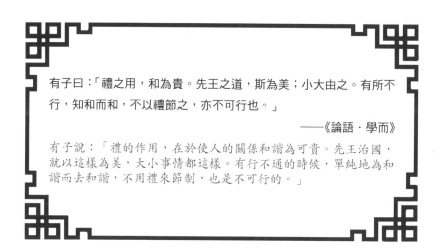

有子曰：「禮之用，和為貴。先王之道，斯為美；小大由之。有所不行，知和而和，不以禮節之，亦不可行也。」

——《論語·學而》

有子說：「禮的作用，在於使人的關係和諧為可貴。先王治國，就以這樣為美，大小事情都這樣。有行不通的時候，單純地為和諧而去和諧，不用禮來節制，也是不可行的。」

鄧昭祺教授

明德學院教授（中國語文及文化）
中國研究課程主任

　　鄧昭祺教授，香港大學文學士、哲學碩士、哲學博士、內外全科醫學士。他行醫多年，因熱愛中國文學，再修讀中文，取得相關學歷後從事教學工作。曾任教於香港大學中文學院十七年，2014 年出任明德學院教授暨中國研究課程主任。為《文學論衡》雜誌編輯，國際儒學聯合會理事，兩岸三地作家協會理事。著有《元遺山論詩絕句箋證》、《詞語診所》、《點讀〈三字經〉》、《陶朱公商訓十二則》（譯著）等。

孔子認為君子有時會違背仁德？
孔子提醒君子不要片刻違背仁德

陳： 鄧教授，我知道你一向都是儒學這方面的專家。（客氣了）你是桃李滿天下呢！今天很高興能邀請你，可否跟我們分享一下《論語》的經典名句？

鄧： 有很多呢！不如說一些較為有趣的。《論語・里仁》有一句，「君子無終食之間違仁，造次必於是，顛沛必於是」，這一句，一般注本解釋都是差不多，我們常用的楊伯峻先生的《論語譯注》，譯為君子沒有「吃完一餐飯的時間」離開仁德，但是下面兩句卻是，「造次必於是，顛沛必於是」，即是匆匆忙忙時不會離開仁德，顛沛流離時也不會違背仁，那麼既然有上一句，就不需要下兩句了。

《論語・憲問》有這樣一句：「君子而不仁者有矣夫」，是說君子有時是違背仁德的！如果〈憲問〉有這一句的話，那麼〈里仁〉的「君子無終食之間違仁」這句，根據楊先生的解釋，就與之抵觸了。

我們要知道，在古書中，「有無」的「無」字，是與「毋」字相

通，意思是禁止或勸阻，即是「毋寧死」的「毋」，兩字是相通的，即是說孔子要提醒君子，不要有片刻違背仁德。這樣的話，下兩句「造次必於是，顛沛必於是」便解釋得很通了。所以我們讀《論語》，有時也不容易（理解）！

陳： 我明白了鄧教授，孔子是提醒我們，時時刻刻都不能違背仁德。

子曰：「……君子無終食之間違仁，造次必於是，顛沛必於是。」

——《論語・里仁》

孔子說：「……君子沒有吃完一餐飯的時間離開仁德，就是在倉促匆忙的時候一定和仁德同在，就是在顛沛流離的時候一定和仁德同在。」

子曰：「君子而不仁者有矣夫，未有小人而仁者也。」

——《論語・憲問》

孔子說：「君子之中不仁的人有的罷，小人之中卻不會有仁人。」

（本書將「君子而不仁者有矣夫」解為「君子有時是違背仁德的」，而此處譯文來自楊伯峻譯注的《論語譯注》，解為「君子之中不仁的人有的罷」，如此則未必與「君子無終食之間違仁，造次必於是，顛沛必於是」意思抵觸了。——編者注）

孔子的「恕」與我們的「寬恕」有何不同？
己所不欲，勿施於人

陳：鄧教授，除了〈里仁〉篇外，可否跟我們分享《論語》的其他語句？

鄧：有一句：「己所不欲，勿施於人。」這句話在《論語》內出現了兩次！一次是在〈顏淵〉篇內，第二次是在〈衛靈公〉篇。在〈衛靈公〉篇，學生問孔子，「有一言而可以終身行之者乎？」孔子回答：「其恕乎！己所不欲，勿施於人。」可以看到，孔子所言的「己所不欲，勿施於人」，意即「恕」。但他所說的「恕」與我們今天所說「寬恕」的「恕」，有點不同。

他說自己不想要的東西、不喜歡的東西，就不要強加於別人。像這樣的思想，在〈公冶長〉篇內孔子的學生也說過：「吾亦欲無加諸人」，即是我不想別人施加我身上的事，我也不會施加在別人身上。也就是「推己及人」，將心比心。

不過，如果說「己所不欲，勿施於人」是從消極的態度來實行仁德的話，《論語》內也有從積極方面來實行仁德的。《論語》的〈雍也〉篇中，孔子說「夫仁者，己欲立而立人，己欲達而達

人」。他說，甚麼是仁德呢？自己想在社會上站得住腳，他也會幫人在社會上站得住腳；自己想事事通達，他也會幫人事事通達。

陳：我們經常聽人說，凡事過得自己，才能過人。

鄧：就是推己及人。這是很好的教訓。

仲弓問仁。子曰：「出門如見大賓，使民如承大祭。己所不欲，勿施於人。在邦無怨，在家無怨。」
仲弓曰：「雍雖不敏，請事斯語矣。」

——《論語‧顏淵》

仲弓問仁德。孔子道：「出門（工作）好像去接待貴賓，役使百姓好像去承當大祀典，（都得嚴肅認真，小心謹慎。）自己所不喜歡的事物，就不強加於別人。在工作崗位上不對工作有怨恨，就是不在工作崗位上也沒有怨恨。」

子貢曰：「我不欲人之加諸我也，吾亦欲無加諸人。」子曰：「賜也，非爾所及也。」

——《論語‧公冶長》

子貢道：「我不想別人欺辱我，我也不想欺辱別人。」孔子說：「賜，這不是你能做到的。」
（加，駕凌，凌辱。也可如本書解為「施加」。——編者注）

《論語》也有讀不通的地方？
孔子要我們不要跟壞人做朋友

陳：鄧教授，《論語》內可有甚麼句子是重要的，出現了兩次呢？

鄧：有！例如「無友不如己者」，在〈學而〉篇出現過，在〈子罕〉篇也出現過。這值得一談。何解呢？有些人讀古書，喜歡鑽牛角尖，提倡一些另類的看法，他們認為這些句子讀不通，認為孔子不應該這樣說。為何這些人會這樣想呢？他們認為「無友不如己者」，是孔子要我們不要跟「及不上我的人做朋友」，要跟「比我們好的人做朋友」。如果依據這樣的邏輯，比你更好的人又怎會跟你做朋友呢？因為你比他更差啊。

我個人認為，《論語》應該是用常理也可以解釋的。我相信我們人人都有這樣的經歷：我們小時候，父母會叫我們不要跟壞人做朋友。我認為孔子正是這樣勸喻我們，不要跟壞人做朋友。我們理解《論語》時不需要過分解讀，就好像〈季氏〉篇裏，有所謂「損者三友」，孔子也說：「益者三友，損者三友。」孔子只是叫我們不要跟損友做朋友而已，不需要搞一段甚麼邏輯，然後說孔子的話不通！

陳：其實孔子的話都很日常生活化，是一種可以實踐的智慧！

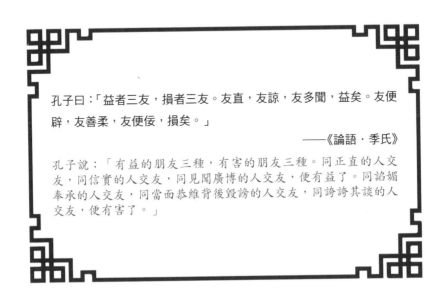

孔子曰：「益者三友，損者三友。友直，友諒，友多聞，益矣。友便辟，友善柔，友便佞，損矣。」

——《論語・季氏》

孔子說：「有益的朋友三種，有害的朋友三種。同正直的人交友，同信實的人交友，同見聞廣博的人交友，便有益了。同諂媚奉承的人交友，同當面恭維背後毀謗的人交友，同誇誇其談的人交友，便有害了。」

《論語》中的兩種治國方針：
德政為主，刑政為輔

陳： 鄧教授，今天可否跟我們談談《論語》的〈為政〉篇？

鄧： 好。〈為政〉篇內有一條，孔子說：「道之以政，齊之以刑，民免而無恥；道之以德，齊之以禮，有恥且格。」孔子在這裏其實說了兩種不同的治國方針。第一種是用政令刑罰來管理人民。人民雖然不犯法，但他們怕被罰，未必覺得犯法被罰是羞恥的。

第二種治國方法是甚麼呢？就是用道德禮制去教化人民，使人民循規蹈矩，走上正途。而且人民內心有道德修養，便不會隨便做錯事，因為他做錯事、犯法的話會覺得羞恥。用這種方法治國較好，道德是發自內心的約束力量，而法令，只不過是外加於人，是一些強迫的手段。

很多時候，法令愈多，犯法的人愈多。為何這樣說呢？我們可以看看，《老子‧五十七章》便有說，「法令滋章，盜賊多有」，就解釋了這個問題。

陳：所以有時要因應時勢作出平衡。

鄧：所以我們要以德政為主，刑政為輔。

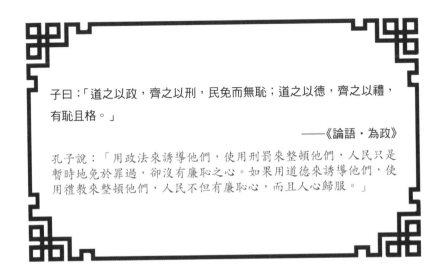

子曰：「道之以政，齊之以刑，民免而無恥；道之以德，齊之以禮，有恥且格。」

——《論語‧為政》

孔子說：「用政法來誘導他們，使用刑罰來整頓他們，人民只是暫時地免於罪過，卻沒有廉恥之心。如果用道德來誘導他們，使用禮教來整頓他們，人民不但有廉恥心，而且人心歸服。」

孔子的為政觀念如何？
為政以德

陳： 鄧教授，可否跟我們說說孔子的為政觀念是如何的？

鄧： 孔子在《論語‧為政》內說了些甚麼呢？他說最重要的是德治，即是用道德、用禮教去統治人民。例如：「為政以德，譬如北辰居其所而眾星共之。」如果統治者用道德理念去統治國家的話，他便猶如北極星一樣，安居其位，老百姓猶如眾星一樣圍著他，服從他的領導。所以德政較刑政好。

陳： 可是鄧教授，我個人的看法是，當然德政層次是較高，但是可能要經過漫長的歲月才行。因為人民需要潛移默化才能培養道德修為。所以我們要從教育著手，而且要從小開始，一代一代地栽培。

鄧： 對，是很需時的，也因此，有時候統治者急功近利，便用法律，就像中國的法家，就是做錯了，便要受罰。

陳： 治亂世，用重典！

子曰：「為政以德，譬如北辰居其所而眾星共之。」

——《論語・為政》

孔子說：「用道德來治理國政，自己便會像北極星一般，在一定的位置，別的星辰都環繞著它。」

明德學院的辦學宗旨與《論語》有關：
通博教育 + 道德教育

陳：鄧教授，你在明德學院任教，我知道明德學院是根據儒家理念而辦學的，「明德」二字，跟儒家的思想有甚麼關係呢？

鄧：「明德」二字出自《大學》，所謂「大學之道在明明德，在親民，在止於至善」；至於辦學的宗旨，就跟《論語》有關了，與《論語》哪裏有關呢？〈為政〉篇的四個字，「君子不器」。我們知道「器」，是指器具或是器物，器具有特定用途，例如盛載東西。那麼「君子不器」是甚麼意思呢？孔子說君子不應該像器具一樣，只有一種用途，或者說只有一種專門知識，而是應該有多方面的知識，要多才多能的。孔子便是一個很好的例子。他整理六經：詩、書、易、禮、樂、春秋；他教導學生六藝：禮、樂、射、御、書、數。他也教學生射箭、騎馬，他甚麼都精的。

所以我們明德學院辦學的宗旨便是通博教育，甚麼是通博教育呢？就是不管你是學哪一項專門的學問，我們都希望學生懂得其他多方面的知識。來自任何學系的學生，在首兩年都要修讀五科通識。目的是希望他們有多方面才能的訓練。

陳：我覺得萬變不離其宗，無論是通識或是全人教育，道德教育都應該從小開始，這是道德的基本培訓。由《論語》開始學，我認為是最簡單及容易理解的。

鄧：對，十分同意！

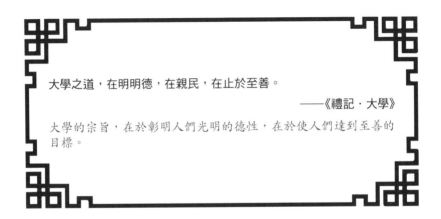

大學之道，在明明德，在親民，在止於至善。

——《禮記·大學》

大學的宗旨，在於彰明人們光明的德性，在於使人們達到至善的目標。

楊永安博士

香港大學中文學院副教授

　　楊永安博士 1988 年起在香港大學執教,研究範圍包括民族文化、性文化、道教及民間宗教、華南地區史、香港及東南亞史、海外華人史、政治史、隋唐史、明史等;任教範圍亦多涵蓋上述項目。現正參與中國國務院清史纂修領導小組辦公室編修《清史·香港志》計劃。

唐太宗的施政與《論語》：
以仁義誠信治國

陳：楊博士，我知道你是研究唐代歷史的專家。唐太宗以仁義
誠信來治國，可否跟我們說說這是怎樣的方針？

楊：唐太宗經常跟大臣討論「四書五經」，以此作為施政方針。
其中討論最多就是《論語》，如：「民無信不立。」是甚麼意思呢？
就是說，國君得不到人民的信任，國祚便不能長久。

唐太宗曾向侍臣表示，君主依賴國家，國家依賴人民，如刻薄人
民以供養君主的話，猶如割肉充飢，腹飽而身死。君富而國亡，
所謂「故人君之患，不自外來，常由身出」；所以雖身為九五至
尊，富有四海，但若能自我節制，順應百姓要求，不使人民勞
弊，則百姓信服。一位弟子曾問孔子：在軍事、衣食、人民信任
方面，哪一項最重要呢？孔子說第一項的軍事不是最重要的；第
二項是衣食，衣食也許可以不要；而最重要的就是要得到人民的
信任，得到人民信任，國祚便能長久。在貞觀元年、二年、三年
這三年，當時百姓的收入很差，可是大家都知道太宗是勤政愛民
的君主，雖然他們離開了家鄉，到處遊徙，但對太宗仍是沒有怨
言。終於到了貞觀四年，天下豐收，百姓豐衣足食了。

在太宗推行仁政的例子中，以死刑覆核最為突出。每決死囚，中央的需要在兩天內五覆奏；地方上的則要三覆奏。行刑之日，尚膳勿進酒肉，內教坊及太常不舉樂，仍下令門下覆視有據，其情可憫的再奏聞，因此而免卻死刑的有不少人。據正史記載，當時百姓在一年內被處斬首死刑的，有二十九人。以全國範圍來說，一年內二十九人被處死刑，其實是很小的數目。

陳： 我認為唐太宗這治國方針，很值得現在不同的政府去學習。

子貢問政。子曰：「足食，足兵，民信之矣。」

子貢曰：「必不得已而去，於斯三者何先？」曰：「去兵。」

子貢曰：「必不得已而去，於斯二者何先？」曰：「食。自古皆有死，民無信不立。」

——《論語 · 顏淵》

子貢問怎樣去處理政事。孔子道：「充足糧食，充足軍備，百姓對政府就有信心了。」

子貢道：「如果迫於不得已，在糧食、軍備和人民的信心三者之中一定要去掉一項，先去掉哪一項？」孔子道：「去掉軍備。」

子貢道：「如果迫於不得已，在糧食和人民的信心兩者之中一定要去掉一項，先去掉哪一項？」孔子道：「去掉糧食。（沒有糧食，不過死亡，但）自古以來誰都免不了死亡。如果人民對政府缺乏信心，國家是站不起來的（即國祚便不能長久）。」

唐太宗與魏徵：
君使臣以禮，臣事君以忠

陳：楊博士，我知道唐太宗是歷代賢君的典範，他也會接受各方人士的意見，可否跟我們說說這是怎麼回事？

楊：太宗願意接納勸諫，在歷代君主中是最著名的。太宗也知道自己位居至尊之位，往往可以因個人喜好，脫離法律的掣肘而去賞罰。大臣不勸諫的話，他可能會胡亂殺人。事實上正史裏有記載，太宗曾超越法律判某人死刑，卻遭大臣的勸諫，最後赦免了該人的死罪。

陳：唐太宗的確是一位賢君，有這樣開闊的胸襟！

楊：魏徵是一位很有膽色的人，他明知太宗很驕傲，仍然勇敢地直諫。他用了《論語》裏的一句話，「君使臣以禮，臣事君以忠」，就是說，如國君能虛懷若谷禮待臣下，臣下自然會對國君忠心，不是那種阿諛奉承的忠心。人都有脾氣，九五至尊也不會例外，但是從剛才的例子我們可以見到，太宗是願意接受勸諫的。縱使貞觀十年以後，他的功業已接近頂峰了，他仍然願意接受勸諫，這是十分難得的事。概括而言，唐太宗雖有不滿魏徵直

諫而有「誓殺此田舍翁」的賭氣惡語，但他始終珍惜魏徵諫言；他對魏徵《十漸不克終疏》亦虛心認同，並予以嘉許賞賜，這正是「貞觀之治」得以成功的原因。

陳： 我認為，任何年代，為政者如能像唐太宗和魏徵一樣，我們人民便會幸福得多。

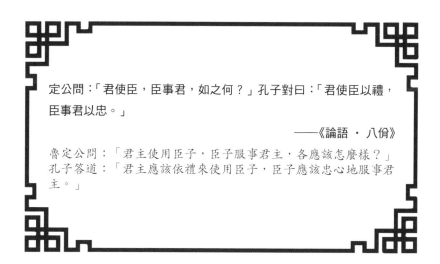

定公問：「君使臣，臣事君，如之何？」孔子對曰：「君使臣以禮，臣事君以忠。」

——《論語 · 八佾》

魯定公問：「君主使用臣子，臣子服事君主，各應該怎麼樣？」孔子答道：「君主應該依禮來使用臣子，臣子應該忠心地服事君主。」

龔中心女士

香港華懋集團執行董事
香港華懋集團市場部總監
香港華懋慈善基金董事

　　龔中心女士，曾於上海習醫，後轉往美國做研究工作。文革時期，下放到青海十年，生活難苦，期間仍為人民行醫，貫徹「仁德」精神，贏得當地人民愛戴。2007 年來港處理家族業務，出任華懋集團執行董事，正式從商。

甚麼是忠恕之道？
忠是忠於出身，恕是對人寬厚

陳：龔大姐，我知道你一直對中國傳統文化特別喜愛，還很有研究。你們幾位兄弟姊妹的名字也有特別的意思，是嗎？

龔：我要謙虛地說，你說很有研究談不上，倒是我的確非常喜愛（傳統文化）。我也一直在學習，正是學到老，人是學無止境啊。談到我家四人的名字，應該都是從《論語》來的。我相信大家一定聽過這一句：「夫子之道，忠恕而已矣。」

「忠」就是忠誠的「忠」，「恕」是饒恕的「恕」。這裏面也包括了我姐姐的名字，她叫龔如心，我是龔中心。「如」加「心」正好是一個「恕」字，意思就是對人要寬和，不要計較。「忠」在《論語》裏談得更多了。「忠」是 loyalty，就是說要忠誠。就是說你答應的事，你已經獻身的事情，譬如說我們對自己的國家、自己的民族，對中國的文化，就是有這樣的態度，忠於這樣的大環境，忠於你的出身處。

陳：你們的父母輩，通過他們幫你們取的名字，可以看得出他們跟隨《論語》的核心價值，所以從你們的名字裏，都能夠反映出來。

子曰：「參乎！吾道一以貫之。」曾子曰：「唯。」

子出，門人問曰：「何謂也？」曾子曰：「夫子之道，忠恕而已矣。」

——《論語·里仁》

孔子說：「參呀！我的學說貫穿著一個基本概念。」曾子說：「是。」

孔子走出去以後，別的學生便問曾子道：「這是甚麼意思？」曾子道：「他老人家的學說，只是忠和恕罷了。」

哪個字在《論語》中出現上百次？
「仁」是《論語》的核心價值

陳： 你們幾兄弟姊妹的名字有特別的意思，是嗎？

龔： 我弟弟的名字叫仁心，「仁」這個字在《論語》裏，我相信你也知道，它出現過多少次？

陳： 這「仁」字至少出現過百次，因為它根本就是《論語》裏面的核心價值。

龔： 正好他是醫生，也就是要仁心仁德啊！他是我家唯一的男孩子，他出生的時候，我母親已經三十多歲，父親已經四十多歲了，他們認為這兒子得來不易，所以希望他能成為仁心仁德的人，也就貫穿了《論語》裏最基本的思想。

再說到我們的小妹妹，她的名字叫因心，「因」是因為的「因」，同「心」加在一起，是一個恩惠的「恩」。《論語》裏也說及很多孝道，對自己有恩的人，我們要感恩。譬如父母，因為父母我們才能夠來到這世上，所以我們要永遠感恩父母。

陳： 你們從小在這樣的氛圍中長大，所以無論是讀書、在社會

上做事，你們做人處世的風格也充分反映出中國傳統的價值觀和這種傳統的文化。

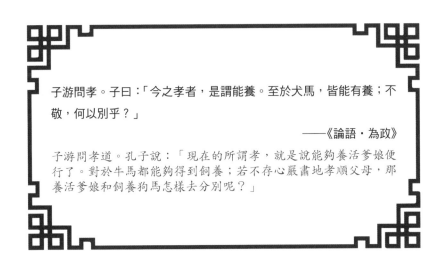

子游問孝。子曰：「今之孝者，是謂能養。至於犬馬，皆能有養；不敬，何以別乎？」

——《論語・為政》

子游問孝道。孔子說：「現在的所謂孝，就是說能夠養活爹娘便行了。對於牛馬都能夠得到飼養；若不存心嚴肅地孝順父母，那養活爹娘和飼養狗馬怎樣去分別呢？」

《論語》與情商：
傳統智慧對處理情緒也有幫助

陳：龔大姐，你帶的這本《論語》很漂亮！是絲綢做的嗎？你平常放在皮包裏嗎？很方便！

龔：是的。在現實生活中，有各種各樣的事情發生，有時候你會有情緒激動的時候，或是甚麼⋯⋯有時把這本書拿出來翻一翻，看一看，溫故而知新。我會想，我要把小時候，爸爸媽媽教我的，看《論語》的體會，好好的深思⋯⋯然後想一想，這時候你就不會激動，也不會太責怪外面的人，或是甚麼。做人要心平氣和，有時像我這樣的年紀，健康很重要，如果你常常激動，常常情緒亢奮，那也對健康不利。所以我覺得放這本書在我的皮包中，對我很有幫助。

陳：對，就是我們常說的 EQ（情緒處理商數），也真的，《論語》是對我們處理情緒問題很有幫助的一本經典。

龔：你看這一句，君子要「訥於言而敏於行」。就是你的行動比你的話更重要。所以我認為要做有慈悲心的人、仁慈的人。經常把《論語》想一想，提醒自己，也就是做到老、學到老吧。

陳：我們看到，龔大姐是很謙厚的，她堅持學到老、做到老。大姐也如她的名字——龔中心，就是問心無愧，忠於自己。

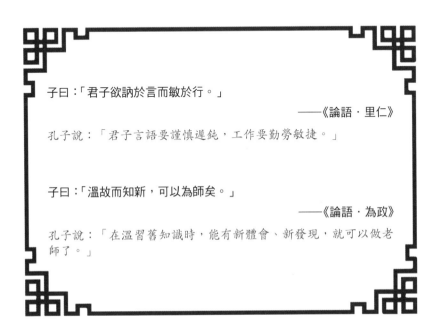

子曰：「君子欲訥於言而敏於行。」

——《論語・里仁》

孔子說：「君子言語要謹慎遲鈍，工作要勤勞敏捷。」

子曰：「溫故而知新，可以為師矣。」

——《論語・為政》

孔子說：「在溫習舊知識時，能有新體會、新發現，就可以做老師了。」

蘇仲平院士

香港浸會大學基金榮譽主席
香港浸會大學榮譽院士
尖沙咀街坊福利會理事長

　　蘇仲平院士 MH，香港浸會大學基金榮譽主席、香港浸會大學基金榮譽主席、香港浸會大學榮譽院士、香港理工大學榮譽院士、東華三院甲子年總理、尖沙咀街坊福利會理事長、公益金油尖旺區委員會主席、西九龍獅子會創會會長、北京市通州區榮譽市民、北京市通州區福利醫院榮譽院長。榮獲香港特別行政區行政長官社區服務獎狀及榮譽勳章。蘇院士服務社區六十二年，熱心公益，一直對推進教育、醫療及長者服務方面的發展，不遺餘力。

儒家與服務社會：
提倡「仁愛」精神，推己及人

陳：尖沙咀街坊福利會蘇仲平理事長，也是我們母校的榮譽院士。蘇院士，多年來你都是投身及服務社區，可否跟我們分享你多年來的經驗？

蘇：早期我是從事教育的，自從退休後，我一直對社會都很關心。我本著仁愛的精神，正是「老吾老以及人之老，幼吾幼以及人之幼」（《孟子・梁惠王上》）來服務社會。我與學校及同學們，經常有聯繫。我認為無論是長者或是年輕人，對社會大家應該要共融，彼此要多點了解。尤其是長者，在我們的中心裏會盡量溝通，例如他們的要求是甚麼，又例如如何安排他們退休後能有聚會的地方，過退休的生活。甚至有些長者行動不便，也即所謂隱蔽長者，我們中心也關心他們、幫助他們，看看有沒有其他問題，會否缺人照顧等等。

陳：蘇院士本著「仁愛」精神，推己及人，大家和諧共存，很值得我們大家學習。

如何與時下的年輕人溝通？
多一點接納，和而不同

陳：蘇院士，你認為對時下的年輕人，我們應該如何跟他們溝通？可否跟我們分享一下？

蘇：目前的年輕人，他們的思想以及眼光都很開闊，與我們以前的時代都不同了。今時今日的科技和電腦，能與世界各地交流溝通，同學們都很了解。也因此，我們跟大學方面，經常合作舉辦很多活動，有很多聯繫，我們每年也支持大學的同學到外地或內地交流，讓他們多了解外地的文化和生活。

年輕人有很多理想、很多抱負。他們期望我們能多聽他們的話，多了解他們。我認為如果是好的建議，我們不妨接納；如果是負面的，我們應該要多溝通，大家要以和為貴。要明白是就是，非就非，這樣的話年輕的人心也許會平和點，不會有太多暴躁的情緒。

陳：我很同意蘇院士你這種跟年輕人溝通的方法，大家可以和諧共處。我想起《論語》所說：「君子和而不同。」

子曰：「君子矜而不爭，群而不黨。」

——《論語‧衞靈公》

孔子說：「君子莊矜而不爭執，合群而不鬧黨派。」

謝兆基先生

董事總經理
香港亞洲醫療股份有限公司

　　謝兆基先生早年於加拿大留學，自小適應多國文化，能操多國語言。他曾任武漢亞洲大酒店總經理助理，東亞銀行（北京）分行行長助理。2014 年成立香港亞洲醫療股份有限公司，並於武漢設有民營心臟專科醫院。院內設備皆參照外國醫院設施，並以提供優質服務為主。現任香港亞洲醫療股份有限公司董事總經理及武漢亞心沌口醫院總經理。

在有文化差異的環境下如何與人相處？
敬而無失，恭而有禮

陳：今天我們《世說論語》請來的嘉賓是最年輕的，他是八十後呢！你小時候在加拿大讀書，對嗎？

謝：是的，我在香港完成小學後便到加拿大升學。

陳：你畢業後可以留在當地發展，或是回港。但你很特別，在多年前已回內地發展現的事業。

謝：對，當時是 2006 年，我剛從加拿大回來。我家族長期在內地做生意，於是我便嘗試在內地發展。

陳：在內地，很多方面都跟香港很不同，也有文化上的差異。你是如何去適應呢？

謝：與我一起的同事，有些從北方來，有些是從華中地區來，也有本土北京人。當時我們幾個人一組，都是來自五湖四海，但是該段時間大家都在闖，所以那時候大家的感情就像兄弟一樣！大家為了共同目標去奮鬥，所以我認為「四海之內皆兄弟」，當

大家的理想目標一致，無論你是甚麼背景，說甚麼語言，大家是可以一起共事的。我認為我們要抱著一個開放的心去接受不同的文化和不同的意見。

陳： 對，即使大家有不同的文化差異，都是可以和而不同。

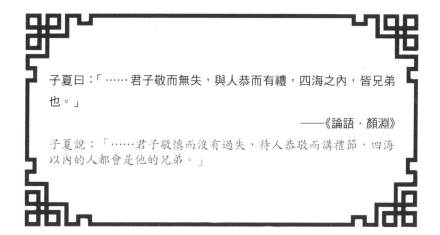

子夏曰：「……君子敬而無失，與人恭而有禮，四海之內，皆兄弟也。」

——《論語・顏淵》

子夏說：「……君子敬慎而沒有過失，待人恭敬而講禮節，四海以內的人都會是他的兄弟。」

黃美慧校友

香港浸會大學基金榮譽副主席
香港浸會大學尚志會贊助人兼理事
香港浸會大學校友會執行委員

　　黃美慧女士，早年畢業於香港浸會學院地理系。營商多年，喜愛
周遊列國，公餘時積極參與社會服務，並擔任多項義工公職，包括香
港地產代理專業校會永遠會長，現任中華廠商聯合會專業服務委員會
主席、香港浸會大學尚志會贊助人兼理事、香港浸會大學基金榮譽副
主席。

《論語》給我們的人生啟示：
逝者如斯，珍惜時光

陳： Esther 師姐，你是一位大忙人，你的事業做得很成功，是我們的女強人！但家庭方面你也處理得很好，在你的人生旅程中，你認為《論語》為你帶來了甚麼啟示？可以分享一下嗎？

黃： 你說起忙碌，我想起有一次孔子站在一條河邊，向流水說：「逝者如斯夫！不舍晝夜。」我認為這句對我們這些大忙人來說是很貼切的。因為光陰一去不復返，時間就如流水一樣，流逝了便是流逝了，不能回頭。

我在 2013 年回到浸大攻讀了一項課程。還記得 1977 年我在浸大畢業時，那時候我們被稱作「二奶仔」，取得的是文憑。雖然這些文憑在美國和台灣都獲得學位承認，但在香港只能視作文憑，不被承認。我覺得年少時我確是浪費了不少時間。那時候我上學常走課，如果當時我能珍惜光陰，也許現在琴棋書畫也會多懂一點吧！所以我現在也急起直追，多讀古人的書，也覺得這句話（逝者如斯夫！不舍晝夜）對我很有用。

陳： 不過我是很佩服你的，你在百忙中仍然抽空學習，我相信

《論語》這句話一定給你很大的啟發。我們要爭取時間，不要錯失任何機遇，否則時間便如流水一樣流走了。

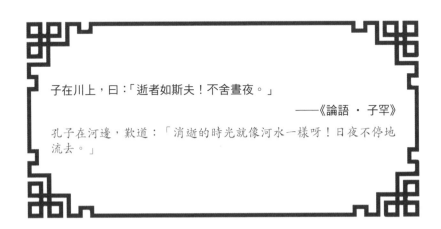

子在川上，曰：「逝者如斯夫！不舍晝夜。」

——《論語 · 子罕》

孔子在河邊，歎道：「消逝的時光就像河水一樣呀！日夜不停地流去。」

蔡國贊博士

中港英文學校董事長

　　蔡國贊博士，廣東省中山市政協常委及江門市政協委員、中山市國學促進會會長、香港浸會大學基金副主席，並擔任多項公職。早年畢業於浸會學院歷史系。從事教育工作多年，1994 年於中山市創辦中港英文學校，並於 1997 年在江門市增設分校，學生人數約達四千人。特別受國內外籍家庭歡迎。近年學校加入《論語》課程，讓學生學習中華優秀傳統文化。

《論語》精神的妙用：
學懂做人，很多事情都會成功

陳：蔡國贊博士是我的大師兄，在謝志偉校長時代你是讀歷史系。師兄，要請教你，你是讀歷史出身，卻二十年前在中山市，後來在江門市，先後創辦了中港英文學校，當時你的辦學理念和宗旨是怎樣的？

蔡：我在浸會大學畢業後便在香港從事教育工作。當我有機會回國內考察時，我發覺國內的教育十分單一，全國十三億人幾乎只提供一種模式。當時在中山市及江門市有很多外商，外商們在這兩地安心創業，必須要解決子女的教育問題。由於當時國內提供的單一教育模式未能滿足外商及外資的家長的要求，所以我便成立了這學校。

我們早期都是強調國際化，英語課程都是跟外國接軌。不過近年我們在課程上也有些改變。最近國內正推行學習中華傳統文化，希望我們的子弟對這方面有點認識。而傳統文化又離不開儒家思想，離不開《論語》。所以最近在我們的語文課程裏，小學生也開始修讀《論語》。例如「己所不欲、勿施於人」，學生讀了便明白要尊重別人。又例如「身體髮膚，受之父母，不敢毀傷」，

學生聽了便知道要孝順父母，除了孝順父母，還要保護自己。如能明白這些道理，學生也不會輕言自殺！

陳：我認為大師兄你做得很好！我做了多集《論語》（節目）後，發覺《論語》的精神，都是教我們做人的道理。當你學懂做人，自然在做事、處理家庭等各方面，在很多問題上，都會成功。

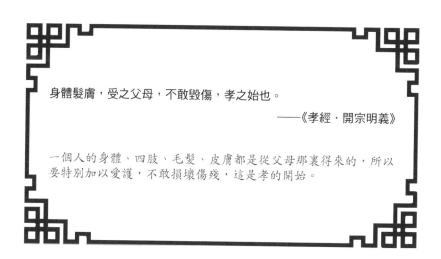

身體髮膚，受之父母，不敢毀傷，孝之始也。

——《孝經·開宗明義》

一個人的身體、四肢、毛髮、皮膚都是從父母那裏得來的，所以要特別加以愛護，不敢損壞傷殘，這是孝的開始。

《論語》中的教育觀念：
有教無類，因材施教

陳： 大師兄，早在九十年代你便在中山市設立中港英文學校，給外商的子女就讀。當時你們辦學的模式是怎樣的？

蔡： 無論東方教育還是西方教育，辦學模式都是要教好學生。我發覺孔子的思想，在幾千年前已經為教學模式下了很好的注腳。例如《論語》裏有一句：「有教無類。」當時的太學，只有權貴才有資格讀書，孔子卻是首位私人辦學者。他的意思是但凡願意學習的學生，不論出身、不論貧富、不論貴賤，他都會收下，而且當時的學費也很便宜。我們中港英文學校也如是，我們歡迎學生入讀，只要你願意接受現代化教育，願意接受新模式。我們就是本著這宗旨去施教的。

陳： 在《論語》裏也讀到，孔子說「患不知人也」，他也希望清楚了解不同學生、不同背景，如大師兄你所言，要因材施教。

蔡： 孔子的確是素質教育的提倡者，他是因材施教的。例如在〈顏淵〉篇裏，他的弟子顏淵、仲弓、司馬牛，分別問孔子關於「仁」的解釋。孔子回答三人的答案都不同。孔子說：「中人以

上，可以語上也；中人以下，不可以語上也。」意思是如果學生資質是中上的話，可以說深奧一點；如果資質是較為平庸的，就要說得淺白點。所以孔子的確是第一位推行素質教育的專家。

陳：孔子的確是一位偉大的教育家！

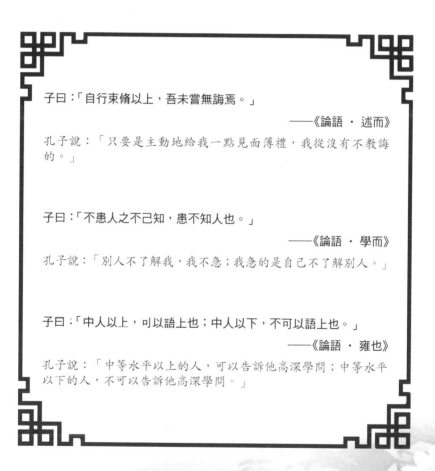

子曰：「自行束脩以上，吾未嘗無誨焉。」

——《論語·述而》

孔子說：「只要是主動地給我一點見面薄禮，我從沒有不教誨的。」

子曰：「不患人之不己知，患不知人也。」

——《論語·學而》

孔子說：「別人不了解我，我不急；我急的是自己不了解別人。」

子曰：「中人以上，叮以語上也；中人以下，不可以語上也。」

——《論語·雍也》

孔子說：「中等水平以上的人，可以告訴他高深學問；中等水平以下的人，不可以告訴他高深學問。」

傅浩堅教授
香港浸會大學協理副校長

　　傅浩堅教授，香港浸會大學協理副校長、講座教授。1975 年於美國春田大學獲博士學位。先後於加拿大渥太華大學、美國春田大學、香港中文大學及香港浸會大學任教。曾發表論文超過一百一十篇，編著書刊超過十七本。擔任多項公職，2004 年獲香港特區政府委任為太平紳士及 2009 年獲頒授榮譽勳章，現為美國體育及運動科學學院院士、美國體育康樂運動協會科研所院士及香港康樂管理協會院士。

《論語》與現代管理：
身正方能令從

陳：傅教授，我知道你從事行政及管理工作有很多年經驗。你認為《論語》有哪些經典名句可以應用在管理方面？可以跟我們分享一下嗎？

傅：《論語》有這樣一句：「其身正，不令而行；其身不正，雖令不從。」我覺得這一句對從事行政工作的人來說很重要。我相信不論公營或是私營機構的領導，他們對自己的言論、操守和行為方面的要求一定要比一般人為高，因為如此才能作出好的榜樣。當你推行政策、措施時，你會得到市民及同工的認同，這樣便會事半功倍。

但是如果你時常用高層次或是用長遠策略的藉口來提高自己的「超然地位」，可能會使很多人不服，因為這樣是難以說服市民或是同工的。這樣工作起來，例如在施政方面，也許會困難重重，有可能得不償失。我認為身為領袖，有時是需要犧牲的，例如犧牲自己的自由和利益，必須要以身作則，做一個好的榜樣，以德服人。

陳：很同意。其實不僅是機構，一間公司、學校，甚至是家庭裏，好榜樣都是很重要的。我很認同孔子所言的身教，就是指言行舉止方面，例如在家中，面對子女要做得更好，就是孔子所提倡的身教，這樣的話，子女們也會學著他們的父母或是長輩去做的。

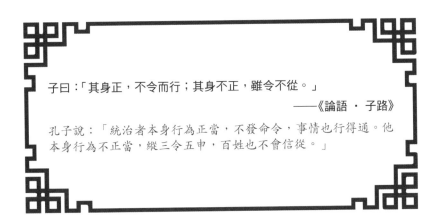

子曰：「其身正，不令而行；其身不正，雖令不從。」

——《論語・子路》

孔子說：「統治者本身行為正當，不發命令，事情也行得通。他本身行為不正當，縱三令五申，百姓也不會信從。」

何鏡煒博士

香港教育學院特別顧問（學生事務） 校長室
和富青少年網絡顧問委員會主席
香港浸會大學校董

　　何鏡煒博士於 1989 年起任香港浸會大學輔導長，擁有豐富的學生事務經驗，2006 年獲中國心理衛生協會大學生心理諮詢專業委員評為「大學生心理健康教育工作先進個人」。何博士畢業於香港浸會學院，修讀社會學文憑，其後在美國喬治亞州立大學完成輔導及學生事務碩士及博士學位。返港後回母校工作，曾任基督徒學生活動助理主任、心理輔導主任及助理講師、基礎文憑部副主任兼 IB 課程主任、校務資訊統籌部主任等。

大學生如何面對未來？
人無遠慮，必有近憂

陳：何博士，你從事教育工作很多年，你主要的工作是在學校裏面對學生，解決他們在校的生活問題，也會關心他們未來的發展。你可否從《論語》中選取一些經典名句，跟我們分享？

何：我覺得「人無遠慮，必有近憂」這句話很適合作為今天大學生未來的指引。這句話是指我們必須要考慮將來，對自己的興趣、能力、抱負等，到底有沒有考慮過呢？有沒有計劃呢？我們今日所做的事情，會否使自己達到目標呢？有時我們看到很多大學生只顧做眼前的事，例如做兼職、玩、上網或是拍拖等等，並沒有認真地想想他們的興趣、能力及如何把握機會，或只是聽從父母吩咐，家長叫他做甚麼便做甚麼。

也正是沒有好好進行未來規劃，以致很多大學生未能把握今天的機會。在日常生活中會遇到很多問題，也許是他們從未想過的，也可能會因此產生困擾或壓力。《論語》這句話的意思就是希望每個人都能在未來的道路上有一點規劃。年輕人可以考慮自己的興趣、能力、抱負等等，然後作一些規劃。所以今日教育局也說中學生要有生涯規劃，希望中學生都可以學習計劃未來。並不是

人人都要做醫生、律師，或是做金融行業。應該要想清楚自己的興趣在哪裏、抱負在哪裏、自己的價值在哪裏。否則將來會產生很多近憂，感到壓力或者迷茫。

陳：我們任何時候都要目光長遠一點、視野開闊一點，起碼近憂也會少一點！

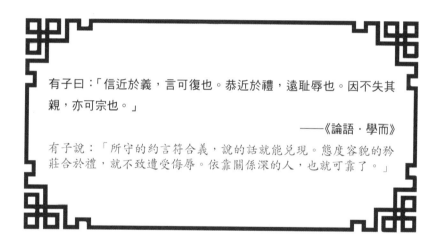

有子曰：「信近於義，言可復也。恭近於禮，遠恥辱也。因不失其親，亦可宗也。」

——《論語·學而》

有子說：「所守的約言符合義，說的話就能兌現。態度容貌的矜莊合於禮，就不致遭受侮辱。依靠關係深的人，也就可靠了。」

計劃跟不上變化怎麼辦？
準備多幾個計劃應變

陳： 何教授，根據我的生活經驗，有時我也會如你所說，為自己訂立許多目標和計劃。但我發現，有時候計劃跟不上轉變，很無奈地，在一個大環境的轉變下，也一樣會有近憂的。在這方面你有甚麼意見呢？

何： 今時今日的社會，有很多因素並不是你個人可以控制到，所以無論你是從管理角度，或是從心理角度去看，如何管理這改變，即是所謂「轉變管理」，或是如何面對改變，其實我們也要進行心理協調。

在計劃上，有時也要有 A 計劃、B 計劃。也不應該一廂情願，而是需要審時度勢，也要知道如何適應。環境不可以改變，但人卻可以改變。如果人不能改變的話，就會被環境淘汰了。所以我們需要多點彈性，否則很多人稍不如意便會意志消沉。我們在學校裏時常鼓勵要有應變能力，或是通才能力，並不是單方面讀好書，或只是有邏輯思維，卻又沒有綜觀時勢的能力。

陳： 就是說我們不僅需要 A 計劃，還要有 B 計劃，或是 C 計

劃，多幾個計劃應變！

何：有準備當然比沒有準備好，準備好些或是作多方面的考慮，當事情突變，自己便不會措手不及。多作準備，就不會天天都會有憂慮了！

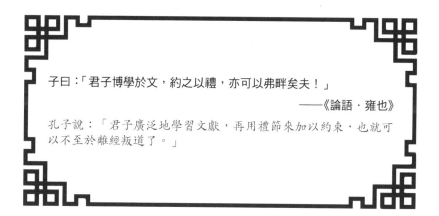

子曰：「君子博學於文，約之以禮，亦可以弗畔矣夫！」

——《論語・雍也》

孔子說：「君子廣泛地學習文獻，再用禮節來加以約束，也就可以不至於離經叛道了。」

曾惠珍（Marianna）校友

香港浸會大學校友會前任會長
香港浸會大學尚志會前任會長

　　曾惠珍女士，早年畢業於香港浸會學院（現香港浸會大學）秘書
管理系，現為顧問公司董事總經理。她先後取得多項專業資格，獲得
多個獎項，包括「2010年亞太最具社會責任感華商領袖・女企業家
獎」。她積極參與社會服務，竭誠服務浸大，曾任香港浸會大學校友
會會長、咨議會成員、畢業生輔導委員會委員、香港浸會大學尚志會
會長等等。

如何不斷進步？
見賢思齊，見不賢而內自省

陳：Marianna 師姐是我們母校 2014 年舉行的第一屆傑出校友選舉裏，唯一一位女性傑出校友！師姐，你真的是為我們增光不少啊！我知道師姐你除了忙於個人事業，也常做義工，你認為《論語》有哪一句經典名句可以跟我們分享？

曾：有一句銘刻在我心中，幫助我不斷求進步，就是「見賢思齊焉，見不賢而內自省也」。我會辨別誰是賢能的人，不單是他的才能、他的專業領域，還有他的品德、他的做人處世方面，我也會積極思考如何向他學習。「不賢者」也不一定是小人，可能是他做了一些事情不太恰當，或是犯了錯誤，我便會自己也反省，看看會否也不知不覺犯了同樣的錯誤。

另一句就是「知之者不如好之者，好之者不如樂之者」。當我知道自己某一方面有天分、某一方面的學問專業是較合適自己的，我便會去「好之」，去培養興趣。孔子非常有智慧，他教導我們，提升學習效果的秘訣，就是能夠樂在其中。我還將之引申至「為善」，因此我也多做一些義務工作，幫助別人，還有回饋母校香港浸會大學，貢獻社會。

陳：我們真的要向你學習，為善最樂，及樂在其中。

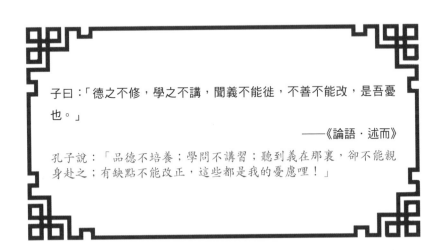

子曰：「德之不修，學之不講，聞義不能徙，不善不能改，是吾憂也。」

——《論語‧述而》

孔子說：「品德不培養；學問不講習；聽到義在那裏，卻不能親身赴之；有缺點不能改正，這些都是我的憂慮哩！」

徐國榆會長

香港浸會大學尚志會會長

　　徐國榆先生，1978 年畢業於香港浸會學院（現香港浸會大學）
傳理系，曾任國際投資銀行副總裁，現為投資及市場顧問公司董事。
亦經營高級餐飲行業。畢業後從事傳媒多個界別，包括雜誌、電視主
持、舞台劇導演及電影策劃等等。他積極參與浸大校友會活動，並於
2014 年至今出任香港浸會大學資深校友組織尚志會會長。

《論語》如何影響我們的待人處世？
三人行，必有我師焉

陳： Kent 除了是我們尚志會的會長外，也是我傳理系的師兄。Kent，你是傳理系畢業的，我知道你的中英文造詣都很深。你也有閱讀《論語》，你認為《論語》對你的待人處世有甚麼影響？

徐： 有一句話是很好的，就是「三人行，必有我師焉」，例如我身邊的同學……我是 1974 年考入傳理系的，很多同學在社會上都很有成就。例如李居明，他是我們傳理系畢業的。很多人看不到他成功背後的原因，其實他是一個很勤力的人，他的勤力比一般人甚至多五至七倍，這是他的優點。看到他這樣勤力，多多少少對我有鞭策。

又例如阿旦鄭丹瑞，也是我們同屆同學。他在圈中做了很多工作，但是由始至終都沒有離開大眾傳媒，這反映了他的專注。我覺得一個人要成功，專注是很重要的。另外一位你也認識的，就是葉家寶，這陣子很紅啊！家寶可能天生是一位君子吧，從前讀傳理系時他擔任台長呢！他人品很好，所以當他遇上問題時，很多人都會幫他。如果你做事是正正直直，不要古靈精怪，遇上問題時自然會有很多人幫忙。所以我覺得做君子有好處呢！

陳：對，所以家寶師兄也說到，遇上風浪，他仍能安樂入睡，因為他認為「君子坦蕩蕩」。

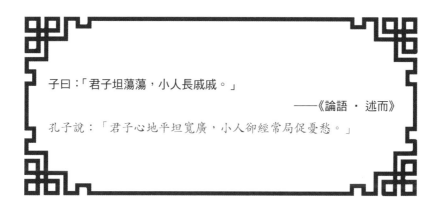

子曰：「君子坦蕩蕩，小人長戚戚。」

——《論語 ‧ 述而》

孔子說：「君子心地平坦寬廣，小人卻經常局促憂愁。」

葉家寶校友

亞洲電視前執行董事
香港浸會大學尚志會成員

　　葉家寶，1974年畢業於香港浸會學院傳理系，1989年加入亞洲電視，於2004年擔任亞洲電視副總裁，先後主管綜藝，公關及宣傳，綜藝及資訊，行政、統籌、項目推廣及公關，有「亞洲小姐之父」之稱。亞洲電視五十五周年頒獎禮中榮獲終身成就大獎。

《論語》與堅持：
仁為己任，死而後已

陳： 亞洲電視（以下簡稱「亞視」）前身是麗的映聲，成立於
1957 年，是全球首間華語電視台。不過，在 2015 年不獲續牌，
最後在 2016 年 4 月正式結束五十九年的廣播歷史。在亞視工作
多年的葉家寶先生亦是我們母校傳理系畢業的。當時在亞視工作
的家寶師兄面對一連串的問題時，他的心態究竟是怎樣的？

家寶師兄，我一直都很高興跟亞視合作。因為亞視一直都提供高
質素的資訊文教節目，所以《世說論語》很適合在亞視播映。有
一個問題一直很想請教你，為何你堅持留守亞視？

葉： 很多人都問我這個問題，我自己也時常想，是甚麼使我繼
續留守？我概括了幾方面。因為香港只得兩間免費電視台，如果
有一天我們電視台停播，結果會怎樣呢？我會從長遠角度來探
討這件事。我們有七百多位員工，如果有一天亞視停播，這七百
多位員工又會怎樣？這兩件事一直困擾著我。

這也使我想起《論語》，我覺得很對的，就是「士不可以不弘毅，
任重而道遠」。因為我堅持亞視在這期間有曙光，我看到這是一

項長遠、重大的任務，所以我覺得要一邊駐守，一邊堅持。

陳：責任是很重大，道路也很遙遠！我也想起《論語》中的另一句話，「德不孤，必有鄰」！所以你會發覺很多人不需要你號召，他們會自發來支持你！

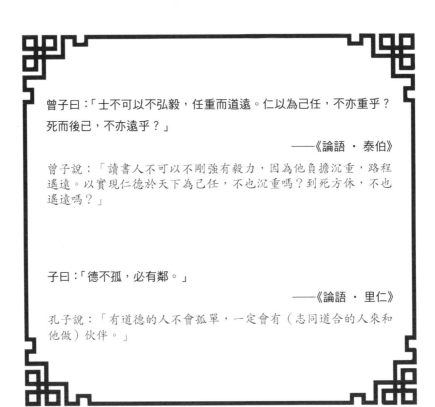

曾子曰：「士不可以不弘毅，任重而道遠。仁以為己任，不亦重乎？死而後已，不亦遠乎？」

——《論語 · 泰伯》

曾子說：「讀書人不可以不剛強有毅力，因為他負擔沉重，路程遙遠。以實現仁德於天下為己任，不也沉重嗎？到死方休，不也遙遠嗎？」

子曰：「德不孤，必有鄰。」

——《論語 · 里仁》

孔子說：「有道德的人不會孤單，一定會有（志同道合的人來和他做）伙伴。」

《論語》中的君子精神：
為人處世要坦蕩無畏

陳：家寶師兄，我記得播映《世說論語》時，我們開了一個新聞發佈會，我送了一個君子的牌匾給你，寓意「君子之為」。因為我真的覺得你所做的體現了君子的精神。

葉：對，很感謝你呢！《論語》有兩句話我也很喜歡，就是「君子坦蕩蕩，小人長戚戚」。我自命真是有坦蕩蕩的性格。我覺得我做的事問心無愧，未必人人都開心，未必人人認同，但我的信念使我做了我認為應該要做的事。我也不會長戚戚，不會時常很憂心以後怎樣做、下一步應該如何做。我官司纏身，官司又會如何呢？很多事情我都不多想，我覺得盡自己力量，做自己應該做的事，用坦然無懼的心態去接受。

此外，「智、仁、勇」這種三美德也很重要。我們要有智慧，有仁德的心，有勇敢的精神，這幾方面都使我在人生路上一直向前邁進。

陳：我記得我們傳理系的訓言：Truth is virtue（唯真為善），這種堅持追求真理、達至善和美的精神，跟《論語》中智、仁、勇

的價值觀十分近似。免費電視台作為大眾傳媒之一，經營者必須要有使命感和責任心。其實不單是電視台，任何一個機構都應該「以人為本」。

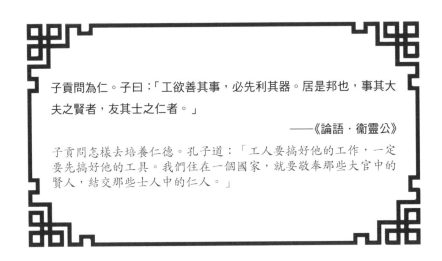

子貢問為仁。子曰：「工欲善其事，必先利其器。居是邦也，事其大夫之賢者，友其士之仁者。」

——《論語·衛靈公》

子貢問怎樣去培養仁德。孔子道：「工人要搞好他的工作，一定要先搞好他的工具。我們住在一個國家，就要敬奉那些大官中的賢人，結交那些士人中的仁人。」

感 謝

孔憲紹慈善基金

永明金融

康宏金融

匯寶房地產集團

華懋集團

尖沙咀街坊福利會

中港英文學校

香港亞洲醫療股份有限公司

源 Blanc de Chine

（排名不分先後）

節目授圖		節目製作	
饒宗頤教授		旁白	胡啟榮
		攝影	馮桂平
節目題字		收音	何紫峰
何文匯教授		燈光	梁樹培
		剪接	何卓琳
節目顧問		資料	超藝智庫
陳　致教授		編審	蔡淑群
		助理編導	羅　祖
主 持		編導	鄭啟思
陳復生		監制	陳復生
		出品人	陳黎鎔菁

香港浸會大學尚志會
HKBU CENTURY CLUB

簡介

　　「尚志會」乃浸會大學榮休校長謝志偉博士於 1976 年成立的資深校友組織，以凝聚校友回饋母校，透過捐獻及參與大學事務協助大學穩定發展為目標。尚志會在 2006 年重整革新，正式註冊為有限公司，並由一班熱心的骨幹校友組成理事會，肩負弘揚會務及延續浸大精神的使命。

　　尚志會至今已成立四十年，一直得到校友的鼎力支持，校友本着對母校的關心，充分發揮浸大精神，透過參與尚志會從多方面給予大學意見，以及運用專業知識、閱歷、人脈網絡及經濟資源，支持大學的持續發展。多年來，尚志會積極招募會員、舉辦籌款活動及贊助大學活動，為浸大長遠發展盡一分力，以實踐其追求卓越及全人教育之目標。

超藝理想文化學會
Art Concept Culture Institute

簡介

　　超藝理想文化學會的會長陳黎鎔菁女士和她已故的丈夫陳浩先生一直致力於藝術文化工作，學會是陳黎鎔菁女士為了紀念丈夫，在香港成立的一個文化機構。學會致力於推動國際文化交流、醫療、教育、民生福利等慈善事業，希望藉此加深人與人之間的相互了解，促進國與國之間的友誼，增進社會發展，推動國際合作，維護世界和平並為人類帶來繁榮與穩定。

　　擔任該學會的榮譽會長、執行理事及諮詢委員的有國際知名人士，包括國際前領導人、外交人員及各界精英翹楚，共同監管學會運作。

　　超藝理想文化學會的榮譽會長及理事長陳復生女士，歷年主辦和參與的公益文化活動：

- 一直與中國人民對外友好協會緊密合作，定期在香港、澳門等地舉行國際學術研討會，會議包括：在港舉辦首屆「銀行管治與風險管理」、首屆「跨境上市：風險與管治」，在澳舉辦首屆「世界會展經濟 · 澳門發展」等。
- 一直參與支持中國前外交官聯誼會舉辦的「外交官之春」活動，與各國駐華大使建立友誼，推動公共外交。
- 一直參與支持外交部扶貧辦的活動並多次前往雲南貧困地區實地考察，出席外交部歷年舉行的「大愛無國界」國際義賣日活動。
- 一直參與支持「中國明星藝術團」到世界各地巡迴表演，推動中華藝術文化。

- 一直與外交部國外工作局聯合舉辦「國際禮賓禮儀培訓班」為派駐各個國家及地區的中國女外交官、使節夫人提供學習機會，其宗旨是提升中國外交人員的國際形象，至今已有十年。
- 舉辦了一系列關於紀念周恩來總理的活動：包括在港舉行「為中華之崛起——周恩來總理生平業績展」、「魅力·智慧——美國人眼中的周恩來」大型圖片港澳巡迴展，在北京國家大劇院舉辦「大愛無邊」——紀念周恩來總理誕辰 110 週年音樂晚會、「中國夢——紀念周恩來總理誕辰 115 週年音樂會」，及於中外友協舉行《發展中非關係的里程碑——紀念周恩來率中國政府代表團訪問非洲 50 週年》圖片展和在京港舉行「周恩來總理誕辰 120 週年紀念」系列活動等等。
- 攝製大型紀實片《感恩東來愛香江》並同期籌拍有關周總理生平的影視作品。
- 拍攝文教資訊電視節目《復興新生系列》已 500 集，包括《世說論語》、《世說本草》、《世說商學》、《一帶一路醫藥行》、《一帶一路商學行》、《和風零食》、《三歲定八十·幼兒教育》、《園繫香江百載情》，以傳承弘揚中華文化，為社會安定團結貢獻一分力量。

今後，超藝理想文化學會將繼續拍攝歷史、偉大革命先烈和領導人的紀錄片、電視劇、電影及舉辦各種文化活動，讓世人重溫歷史，珍惜現在，展望未來，盡心盡力復興中華文化。

□ 節目策劃：蔡淑群
□ 責任編輯：張利方
□ 裝幀設計：李婧琳
□ 排版：盤琳琳

復興新生系列
世說論語

□
編著
陳復生

□
出版
中華書局（香港）有限公司
香港北角英皇道 499 號北角工業大廈一樓 B
電話：（852）2137 2338　傳真：（852）2713 8202
電子郵件：info@chunghwabook.com.hk
網址：http://www.chunghwabook.com.hk

□
發行
香港聯合書刊物流有限公司
香港新界大埔汀麗路 36 號
中華商務印刷大廈 3 字樓
電話：（852）2150 2100　傳真：（852）2407 3062
電子郵件：info@suplogistics.com.hk

□
印刷
美雅印刷製本有限公司
香港觀塘榮業街 6 號 海濱工業大廈 4 樓 A 室

□
版次
2020 年 12 月初版
© 2020 中華書局（香港）有限公司

□
規格
16 開（223 mm × 152 mm）

□
ISBN：978-988-8675-52-4